最高の結果を出すKPIマネジメント

KEY PERFORMANCE INDICATOR

中尾隆一郎

フォレスト出版

はじめに

リクルートグループで10年以上教えてきた「KPI講座」

リクルートグループに対して、みなさんはどのようなイメージをお持ちですか？

元気な営業の会社というイメージでしょうか。スーモやホットペッパーなどのサービスのイメージでしょうか。人材を輩出している会社というイメージでしょうか。

あるいは、私が代表を務めていたリクルートテクノロジーズが多数のＩＴ人材を採用しているので、最近はテクノロジーの会社と思っている方もいるかもしれません。リクルート事件のイメージもあるかもしれません。

グループ概要を説明すると、売上高約2兆円、従業員数約4万５０００名、海外売上高40％超、ＨＲテクノロジー、メディア＆ソリューション、派遣の3つの事業を行っている事業グループです。

私自身は２０１８年3月までの29年間、リクルートグループでさまざまな経験をしてきました。**外部からはそう見えないかもしれませんが、リクルートはどの部署もあるいは管理職や経営陣も「数字で判断」を行うことが得意です。**

創業以来「ＰＣ（プロフィット・センター）制度」「版元制度」「価値マネジメント」「ユニット経営」など、現場の管理職に権限を委譲し、数字で進捗《しんちょく》状況をモニタリングし、マネジメントを改善し続けてきています。

その土台の一部を担っていたのがＫＰＩなのです。

私のＫＰＩ講座が11年間続いた理由

リクルートグループには「メディアの学校」という勉強会があります。私はそこで、11年間「ＫＰＩ」と「数字の読み方」の社内講師をしていました。

講師といっても専属講師ではありません。自分自身が担当している業務のかたわら、年に2回。１回あたり50名前後、累計１０００名超のマネジャーやメンバー相手に講義をしていました。

講座が次回以降も継続するかどうかは、受講者の受講後アンケートで決まる仕組みでした。ですので、11年継続したというのは、自分で言うのもおこがましいのですが、人気講座であり続けたわけです。

11年間続いたのには、2つ理由があります。

まず、**受講者が事業で実際にKPIマネジメントができるようになったこと。**受講者が新しいメンバーに私の講座への参加を薦めてくれました。もう1つの理由は、**私自身が新規事業の立ち上げでKPIマネジメントを実践していたこと**にあります。

11年間の後半にあたる5年目からの6年間は、私自身が実際にサービスの事業責任者になり、KPIマネジメントを活用しながら事業運営をしました。

そのタイミングで講義内容を刷新し、今までの理論に加えて、私自身が担当している事業のリアルなKPIマネジメントの設定、運用、改善の仕方を共有しだしたのです。

昔話や他人の成功体験ではなく、つねに現在進行形だったわけです。

私たちが設定したKPIによって担当事業がどのように進化したのか、あるいは私たちにはどのような葛藤《かっとう》があったのか、そして、マネジメントや現場はどのように変化していったのか……という手触り感満載の話をしたことで、うれしいことに受講者の皆も興味を持ってくれました。

ただ、私自身のプレッシャーは半端ではありませんでした。ＫＰＩ講座の人気講師を自任していた私自身が、実際の事業を担当して、「ＫＰＩマネジメントがうまくできなかったら……」というプレッシャーはすさまじいものでした。

しかも過去の講義内容は、社内のイントラネット上で、いつでも誰でも見られるのです。過去の講義内容と現在の事業の結果に齟齬《そご》が生じたとしても、過去の講義内容の変更や削除ができないのです。

幸い、担当事業はＫＰＩマネジメント導入をきっかけに成長軌道に乗り、そして私が事業担当を離れてから現在に至るまで、さらに成長し続けています。

それくらいＫＰＩマネジメントはパワフルなツールなのです。

そろそろ「なんちゃってＫＰＩ」から脱却しませんか？

ＫＰＩマネジメントとは、次の3点を関係者全員で共有・実行・改善し続けることです。

①現在の事業にとっての最重要プロセスを明確にし（＝ＣＳＦ）
②それをどの程度実行すると（＝ＫＰＩ）
③事業計画が達成できるのか（＝ＫＧＩ）

本書では、単に数値を見ながら事業運営する「なんちゃってＫＰＩ」とは一線を画す、徹底した現場主義の使えるＫＰＩマネジメント手法を共有したいと考えています。

この本は、こうした私のリクルート時代の「メディアの学校」講師としての11年間の講座の内容がベースになっています。

毎回、講座の冒頭で、受講者が講座終了後、以下のような感想を持ってもらえれば、今回の講座は成功だと伝えていました。

「ＫＰＩに興味を持てた」
「自組織のＫＰＩを（知らない人は）確認してみよう」
「自組織のＫＰＩを（知っているけど使っていない人は）活用してみよう」
「実際にＫＰＩを作ってみよう」
「誰かに今日学んだ話をしてみよう」

この本を読み終わったあなたが、同様の感想を持っていただければ、とてもうれしいですし、この本を書いたことは成功だったと思います。

基礎から実践、レベルアップまで学べる

毎回、講座では事前に受講者に「今回の講座でどのようなことを知りたいですか？」というアンケートをとっていました。要望は多岐にわたりました。本当の基礎の基礎から学びたい人から、かなりＫＰＩマネジメントを実践している人からのレベルアップ要望までありました。

それら多様な人たちの満足度がいずれも高かったので、さまざまなニーズの読者の方々の役に立てると思います。

例えば、ある回の講座の事前アンケートのコメントを見てみましょう。

◎基礎からＫＰＩを学びたい層

・ＫＰＩについて基礎から学びたい

・「そもそもＫＰＩとは」というところから勉強したい
・ＫＰＩが何か分からないので分かるようになりたい
・ＫＧＩとＫＰＩの違いがよく分かっていない

◎実際にＫＰＩを作りたい・実践に役立てたい層

・日々の業務で触れるＫＰＩの考え方、設定方法などを学びたい
・ＫＰＩが何かを知り、自分の業務へ活かしたい
・実際にＫＰＩ設計のミッションがあるため体系立てて学びたい
・適切なＫＰＩ策定ロジックを体系的に学びたい
・ＫＰＩの作り方についておおまかな内容を理解したい

◎ＫＰＩマネジメントのレベルアップをしたい層

・ＫＰＩにより業務改革できるマネジメント力をつけたい
・事業計画策定やＫＰＩモニタリングの実業務を今までよりも深めたい
・開発プロジェクトのＫＰＩの妥当性が判断できるようになりたい
・事業ＫＰＩの設計、分析視点、考え方を身につけて、事業を受け持つ組織長と同じ視点で会話、議論できるようになりたい

・プロジェクトの投資決裁でＫＰＩが妥当かチェック、もしくは立案できるようになりたい

本書はこのような疑問を解消したい人に満足してもらえると思います。

もちろん、ＫＰＩマネジメントは、万能薬ではありません。

ですので、すべての状況で活用できるものではありません。

ただし、ＫＰＩマネジメントを正しく理解し、正しく活用すると、その適用範囲はかなり広いのです。きちんと理解した上でそれを使わないのと、知らないで使わないのは、大きな違いがあります。

繰り返しになりますが、ＫＰＩマネジメントは、みなさんの想像以上に活用範囲が広いのです。ぜひ正しく学んで、活用してみてください。

『最高の結果を出すKPIマネジメント』 もくじ

第1章 KPIの基礎知識

第2章 KPIマネジメントを実践するコツ

第5章 ＫＰＩを作ってみよう

ブックデザイン　小口翔平＋山之口正和＋永井里実（tobufune）
図版制作　コットンズ
ＤＴＰ　キャップス
校正　広瀬泉

第 1 章

KPIの基礎知識

01

KPIって何ですか?

「先輩、ケーピーアイって何ですか?」

後輩に聞かれました。
さて、あなたは、何と答えますか?
講座の初期は、ヒントなしでこの質問をしていました。
ところが、質問に対する回答が芳《かんば》しくないのです。
例えば、当時の回答の一例を挙げると——

「事業を数字で見ること」
「たくさんの数字を管理すること」
「売上や利益のこと」

——といった回答が大半でした。

もしかすると、この本を手に取られた方の中にも、これらの回答が正解だと思う方もいるかもしれません。

誤って理解されがちな「ＫＰＩの定義」

詳しくは後述しますが、**「事業を数字で見ること」や「たくさんの数字を管理すること」はＫＰＩマネジメントではなく、単に数値でマネジメントしているわけですから、Indicator マネジメントです。**

ＫＰＩの「Ｋ」と「Ｐ」、つまり Key Performance の部分が、すっぽり抜け落ちているのです。

「売上や利益のこと」という回答は、ＫＧＩ（Key Goal Indicator）のことを指しています。ＫＧＩとＫＰＩのつづりを比較すると、中央のＰ（Performance）とＧ（Goal）の一文字が異なっています。

つまり、**ＫＧＩは最終的な目標数値**を表現しているのです。

もちろん、きちんと説明できる人もいるのですが、数値マネジメントやＫＧＩ（Key Goal Indicator）と混同した回答が目立っていました。

そこで、講座スタート3年目くらいから、次のような「ヒント」を加えました。

ヒント
↓

> **KPIは「Key Performance Indicator」の略**
> **Key performance は「事業成功の鍵」**
> **Indicator は「指標・数値目標」**

このヒントを付加すると、正解率は大きく上がりました。

そうなのです。左図を見てください。

KPIとは、「事業成功」の「鍵」を「数値目標」で表したもの。

簡単ですね。

そして、この単純で簡単な一文にKPIのすべてが詰まっているのです。

最大のポイントは、事業をただ「数字」で見るだけではなく、「事業成功」の「鍵」を「数値目標」として見ることです。

「事業成功」「鍵」「数値目標」と3カ所を「　」にしているのはそういう意味です。大事な部分を強調しているのです。

KPIって何ですか？

Q：後輩に「KPIって何のことですか？」と質問を受けました。
あなたは何と答えますか？

K **Key**
P **Performance**
I **Indicator**

（Key・Performance）事業成功の鍵
（Indicator）指標・数値目標

KPI とは…

事業成功 の

鍵 を

数値目標 で表したもの

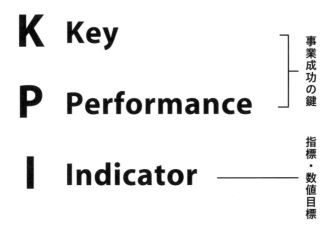

つまり、KPIマネジメントをしているということは、「『事業成功』とは何か分かっているのか？」ということを問いかけています。

つまり、「事業成功」が何なのか分かっていないとKPIマネジメントは始まらないのです。

また、重要な鍵は1つなので、たくさんの「数値目標」を見ているのもKPIマネジメントではありません。この「1つ」というのは、後で詳しく説明しますが、とても重要なキーワードです。

まずは覚えておきたい3つの登場人物

KPIについての全体像を図で説明しましょう。

主要登場人物は次の3つ。

①KGI（Key Goal Indicator）＝最終的な目標数値

②CSF（Critical Success Factor）＝最重要プロセス

③KPI（Key Performance Indicator）＝最重要プロセスの目標数値

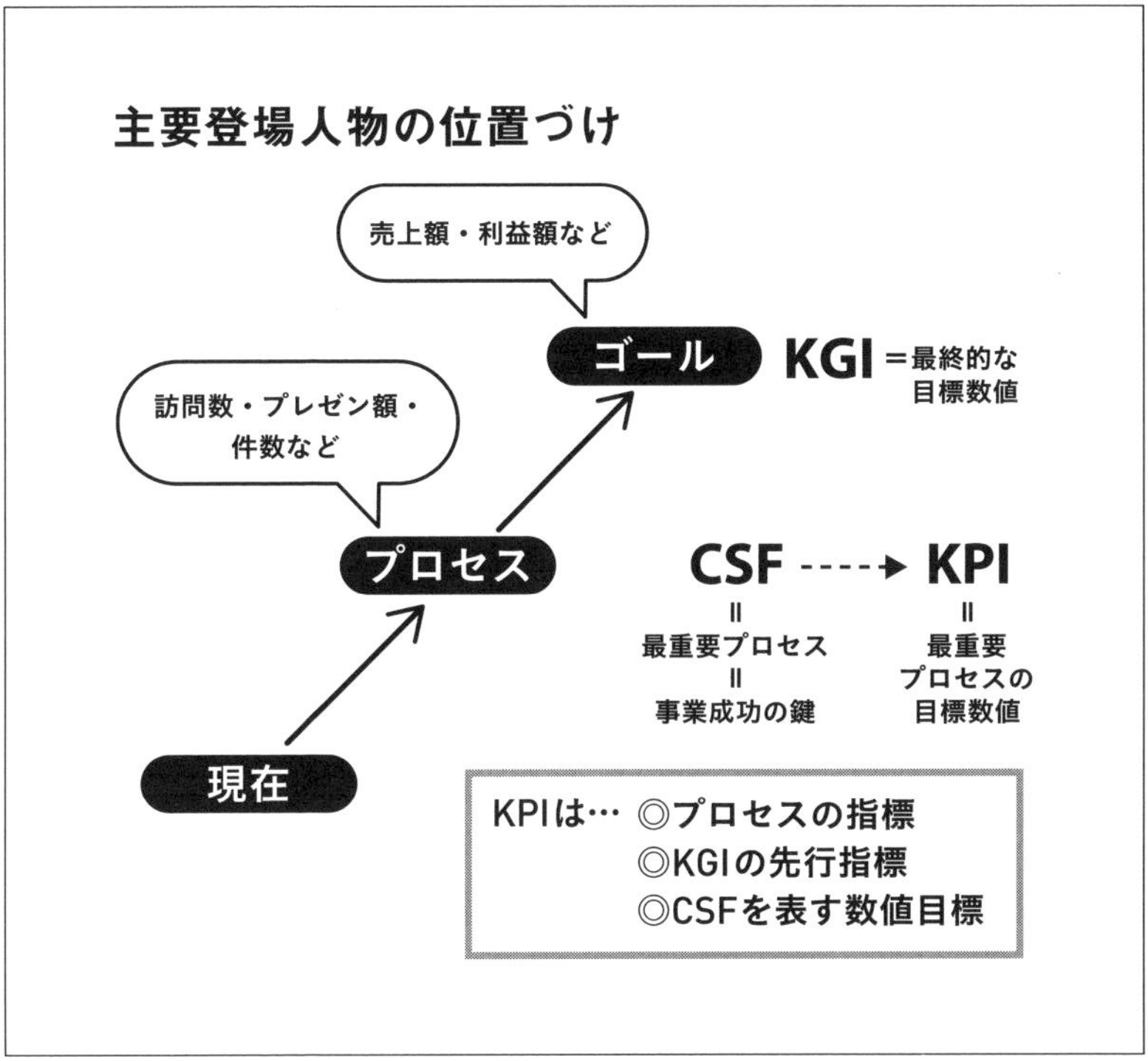

上の図の左右は時間軸を表しています。左端は「現在」あるいは、「期初」そして右側が「未来」あるいは「期末」を表しています。つまり、左側から右側に向かって時間が流れていきます。

ちょうどゴールのマークがあるところが、「期末」のタイミングですね。会社によって半年後だとか1年後のことです。

ゴールの横にＫＧＩがあります。主要登場人物の1つめです。

ＫＧＩはKey Goal Indicator の略で、最終的に期末に到達したい最も重要な数値目標のことです。一般的には、企業全体であれば利益などの数値目標がそれにあたります。

営業組織であれば売上目標数値などが、あるいは事業開発であればユーザ数などの目標数値などがKGIにあたります。

KGIは期末終了時に到達したいゴールの数値のことです。**わざわざゴールの話から始めているのは、しばしば関係者間でこのゴールの認識がずれていることがあるからです。**

関係者間でゴールの認識がずれるのはなぜか？

ゴールの認識がずれるのは2カ所で起きがちです。

1つめは、そもそもゴールそのものがずれるケース。

つまり目指しているものが何なのかがずれるケースです。例えば、私たちの最終ゴールは利益なのか、売上なのか、ユーザ数なのかが関係者間でずれているのです。

この状態を旅行でたとえることがあります。

ゴールは、旅行でいうところの「行き先」です。フランスに行くのか、ハワイに行くのか、はたまた国内で福岡に行くのか、福島に行くのか、行き先が違っていたら、旅行計画は作れません。

信じられないかもしれませんが、実際の旅行計画で行き先が違うケースはまれですが、ビジネスのゴールについては、関係者間で確認していないケースが少なくありません。

もう1つは、数値がずれるケースです。

同じゴール、例えば「ゴールは利益」と合意を得られていたとしても、利益目標数値が異なることがあるのです。特に最低限の目標数値と、可能であれば目指したい目標数値などがある場合は、要注意です。

これも旅行にたとえると、旅行日程が異なるケースです。5泊なのか6泊なのか、あるいは予算などがずれるケースです。関係者間で旅行費用のみで考えている人と現地でのコストも含んで考えているケースなどです。

2つのずれをなくすためには、当たり前ですが、関係者間で事前に確認することが必要です。

ゴールと数値目標。

旅行にたとえると、行き先と旅行日程、あるいは予算を確認して合意を取る必要があります。

ＣＳＦは「最重要プロセス」

ゴールが何か、その数値目標はいくらなのか、確認して合意が得られると、次は主要登場人物の２つめのＣＳＦです。**ＣＳＦはCritical Success Factorの略です。直訳すると「重要成功要因」。**

事業成功のポイントを表しています。

ＫＧＩを達成するためには、やらなければならないプロセスがたくさんあります。その中で、最も重要なプロセスのことです。プロセスですので、結果であるゴールではなく事前に実施する内容のことです。

例えば、営業組織であれば、売上というゴールの前に、その売上を上げるために行う顧客訪問や提案活動などのプロセスを指します。つまりＣＳＦをきちんと実行していれば、結果としてゴールにたどり着けるプロセスがＣＳＦです。

また、**プロセスなので、現場がコントロールできるものである必要があります。現場の努力で変化するプロセスであることは必須《ひっす》です。**

そのプロセスの中で、最も重要なプロセスを１つ選択します。

CSFとは？

C Critical 重要な

S Success 成功

F Factor 要因

＝

最重要プロセス

＝

事業成功の鍵

※KFS＝Key Factor for Success
と表現することもあるが同じ意味。

それがＣＳＦです。

ＫＰＩはＣＳＦを数値で表したもの

そして３つめが真打登場。ＫＰＩです。Key Performance Indicatorです。

ＫＰＩは、２つめの登場人物であるＣＳＦを数値で表現したものです。

つまり、最も重要なプロセスであるＣＳＦをどの程度実施すれば、期末にＫＧＩが達成できるのかを表す数値がＫＰＩです。逆に表現すると、期末時点でＫＰＩを達成していれば、結果としてＫＧＩは達成できているといえます。左図に三者の関係を示しました。

ＫＰＩについてまとめます。

ＫＰＩは、ＫＧＩの先行指標で、（現場がコントロールできる）プロセス指標で、ＣＳＦ（事業成功の鍵）の数値目標です。

ＫＰＩに加えて、ＫＧＩやＣＳＦという言葉が出てきて混乱したかもしれないですが、ここでは最低限、ＫＰＩ以外に大事な言葉が２つあることを覚えておけば大丈夫です。

「KPI」「CSF」「KGI」の関係

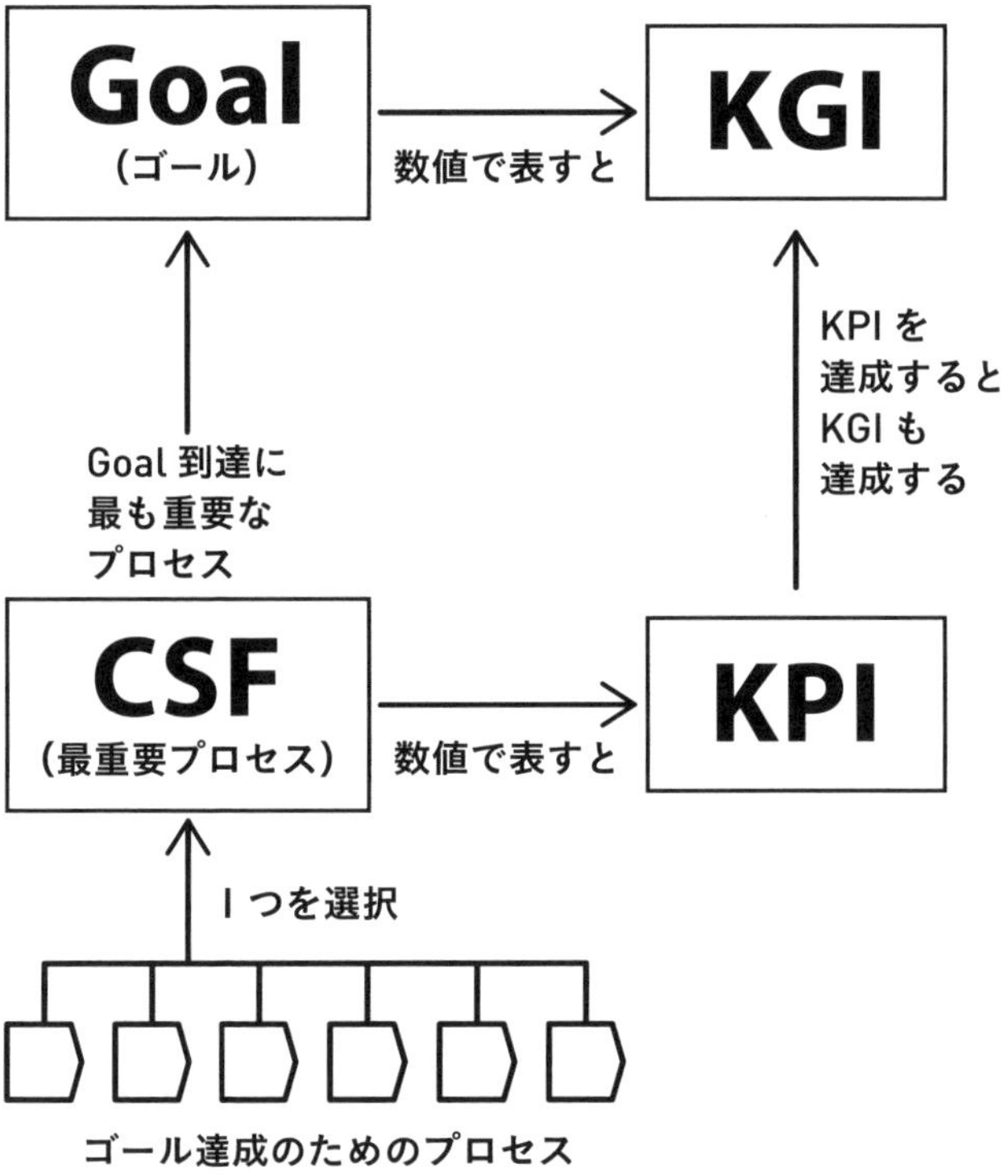

02

ダメダメKPIの作り方でありがちなこと

講座ではKPIを作ったことがあるかを聞きます。自信ありそうに手を上げる人はいません。当然ですね。自信があれば、私の講座に出席する必要はありません。

続いて、その手を上げてくれた人たちにさらに質問をします。「うまく活用できていますか？」と聞くと、そのうち、半分弱の人は、やはり自信がないと回答します。その活用できていない人たちの共通点は何か？

それは、KPIの作り方、つまり手順が間違っているのです。

間違った手順で作れば、当然うまくいきません。

左図によくある典型的な間違ったKPIマネジメントの運用とその結果をまとめてみました。

これは、組織がはじめてKPIマネジメントの導入を決め、担当者を任用し、その担当者が自己流で実施するケースでよくあるパターンです。

よくあるKPIの間違った作り方と結末

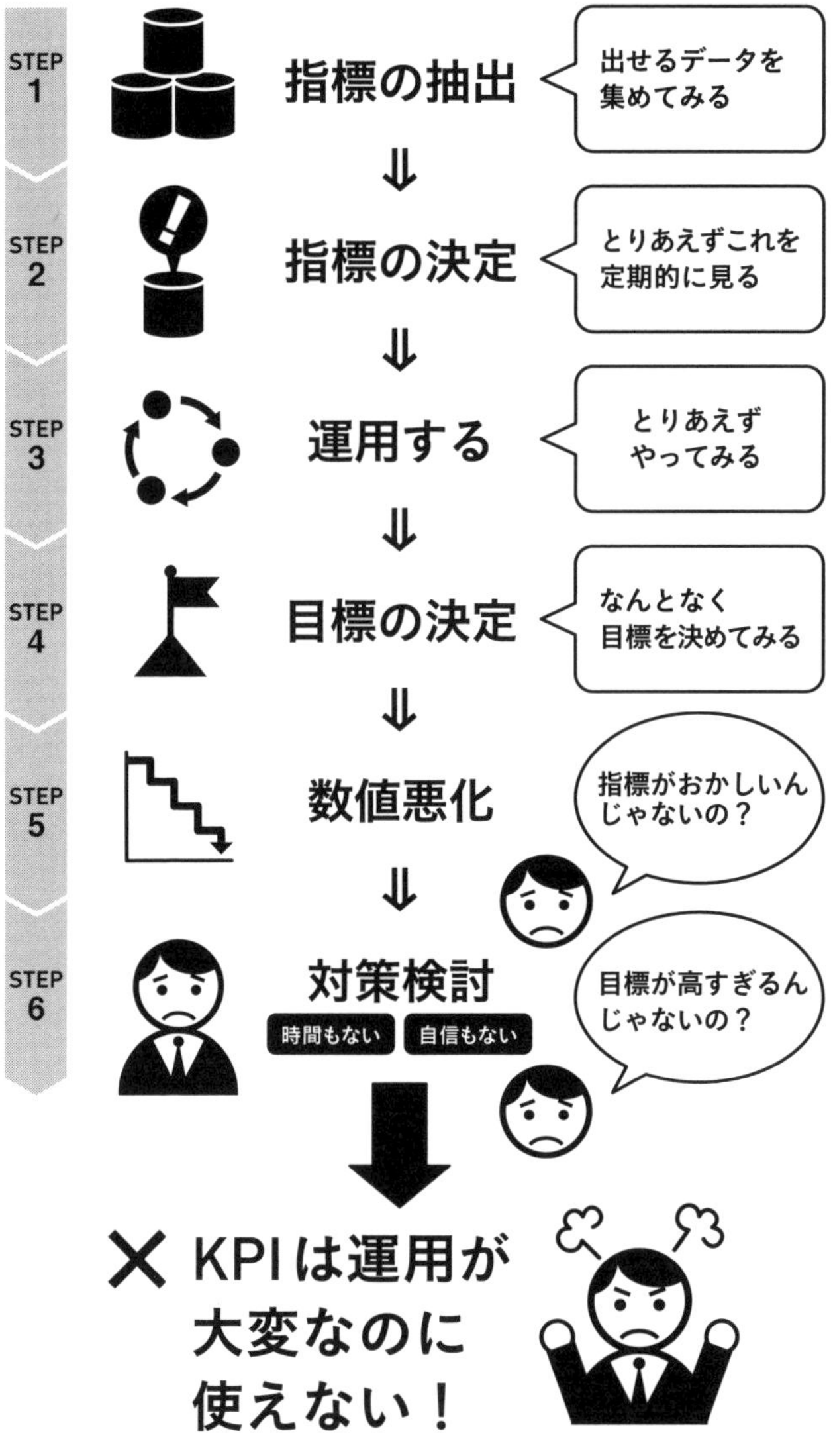

KPI設定で間違えやすいポイント

この図には間違いポイントがたくさんあります。

例えば、分かりやすいところでは、KPIマネジメントの主要登場人物「KGI」「CSF」「KPI」のうち、登場するのが「KPI」だけです。

登場人物が不足しているので、うまくいかないのは当然です。しかも登場するのは、最後の最後で、「KPIは運用が大変なのに使えない」というところです。KPIマネジメントがうまくいっていないと嘆いているケースの大半でみられる傾向です。

最重要な数字に焦点を絞るKPIマネジメントと、いろいろな数値を管理するだけの数値マネジメントを混同している人も多いのです。

図の最初のステップ1「出せるデータを集めてみる」だけをして満足している人も少なくありません。

「まず、現状把握してみよう！」というわけです。この現状把握をしましょうという話だけであれば問題は限定的です。しかし、実際にデータを見始めると、現状把握ですまないケースが多いのです。

ステップ2の「とりあえずこれを定期的に見る」、そしてステップ3「とりあえずやってみる」、ステップ4「なんとなく目標を決めてみる」と「なんちゃってKPI」の決定まで一気に進んでしまうのです。

繰り返しになりますが、最終的に到達したいゴールにおけるKGIも確認していません。当然、関係者でコンセンサスも得ていません。さらに、このKGIを実現するために最も必要なステップであるCSFも確認していません。

にもかかわらず、CSFの数値目標であるKPIだけを決めてしまうのです。

この段階で、さらによくあるダメなケースが4つあります。

1つめは、たくさんの数値目標を設定しているケース。これでは、KPIのキー（Key）ではなく、単純に数値マネジメントですね。

2つめのパターンは、現場でコントロールできない指標をKPIとして設定しているケースです。

3つめは先行指標ではなく、遅行指標を選択しているケースです。2つめと3つめのダメなパターンについて詳しく見てみましょう。

GDPをKPIと設定したダメダメな事例

長期データで確認したところ、私たちの事業売上とGDPの間に強い相関があることが分かりました。よってGDPをKPIとして設定しました。

これが大間違いです。

このケースにおけるGDPは1つの例で、これ以外の政府統計数値、例えば有効求人倍率や景気動向指数などであっても同じです。この失敗ケースは、少し数字を読める人、あるいは統計ソフトなどを使い出した初心者が陥りやすい罠《わな》です。

私自身も20年ほど前は、同様の失敗をした経験があります。

何がいけないのでしょうか?

実際のKPIマネジメントの運用をイメージすることができれば、この失敗ポイントがよく分かります。1つは、KPI数値が悪化した場合の対応です。KPIが悪化した場合は、何らかの打ち手を講じて、KPI数値の改善を志向します。

例えば、サービス利用者数の目標がKPIであった場合、その数値が悪化

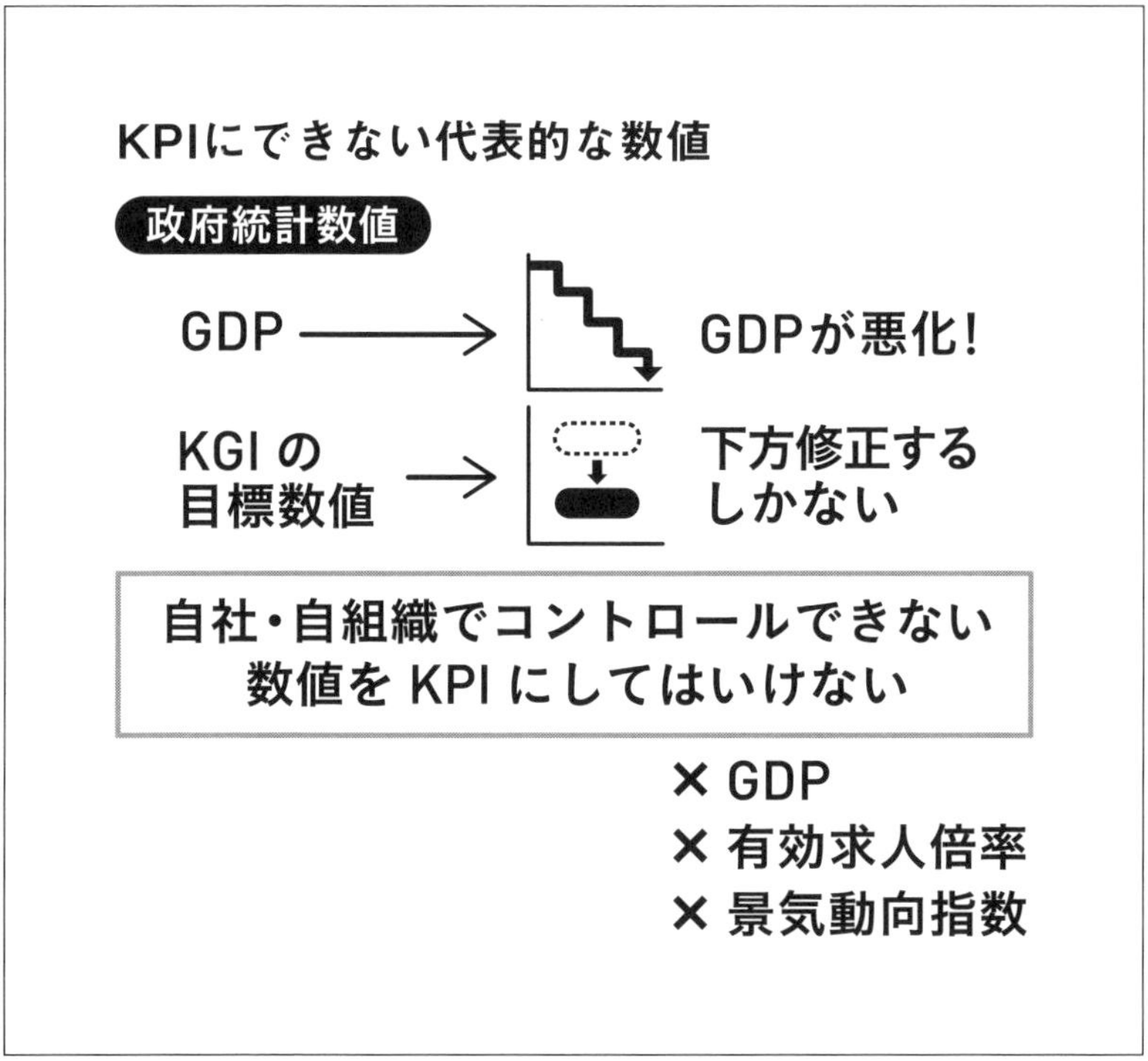

した場合、数値改善のために集客活動を強化するわけです。

ところがGDPという統計数字、しかも国全体を表している数値が悪化した場合はどうでしょうか？　私たちのような一民間企業に打ち手はありません。

1つの会社、サービスでGDPを変化させることは不可能です。つまり、KPIに設定したGDPの数値が悪化した場合は、KPIを向上させるのではなく、ゴールであるKGIの数値を変化させることしかできません。

具体的には、KGIの目標数値の下方修正です。

実際、景気動向の変化から最終的

な目標数値であるＫＧＩ設定を変化させることはありえます。ただし、それは期初に目標設定を行う場合や、目標数値を修正する場合に行うことです。

つまり、事業計画立案・修正時に行うことです。数字に関連する業務ではありますが、残念ながらこれはＫＰＩマネジメントではありません。

ＫＰＩマネジメントは、「ＫＧＩを達成するために今何をしたらよいのか」をモニタリングし、必要に応じて対策を打つためのマネジメント手法だからです。

もう１つまずいポイントがあります。**GDPやその他の政府統計数値は、その数値が出るのが遅い**ということです。例えば9月までの数値が出るのは、翌月や翌々月に発表になります。長期にデータの関係性を確認する場合には、このデータの遅効性は問題になりません。過去のデータだけ、つまり入手できる範囲のデータで分析をすればよいからです。

しかし、KPIマネジメントは、できるだけ旬《しゅん》な、できれば現在、この瞬間の数値把握が重要です。入手できるのが遅い数値では、打ち手の改善にタイムラグが起きるのです。これは、政府統計数値に限りません。**データが即時に入手できることも重要なポイントの1つです。**

ＧＤＰなど、私たちがコントロールできない数値、あるいはコントロールできたとしても入手できるのが遅い数値はKPIとして運用に耐えられないことを覚えておいてください。

定期的に見る指標にCSFがないダメダメな事例

よくあるダメなケース最後の4つめは、39ページの図に示すように定期的に見ている指標の中にCSF候補がない場合です。

例えば、売上、利益、顧客数、平均顧客売上など、定期的にさまざまな数値を見ているケースなどで起こります。

これらの指標の中からKPIを選択するわけです。

そしてこの数値をモニタリングします。

当たり前ですが、間違った指標や数値を見ながらマネジメントしていては、事業運営がうまくいくわけがありません。いわば、スピードメーターが間違った自動車で運転しているようなものです。

時速60㎞で走っていけば、時間内に目的地に到着する場合、速度計を見ているつもりが、別の数値を見ていたとしたらどうなるでしょう。時間通りに目的地に到着するわけがありません。

あるいは、スピードメーターではなく、ほかのメーターを見ていたとしたらどうでしょう。間違ってスピードオーバーして、交通違反で捕まってしまいます。

間違った指標を見ながらマネジメントをしているのですから、「なんちゃってＫＰＩ」数値が悪化した場合に、ステップ６として、対策を検討しようとしても、現場から「指標がおかしいんじゃないの？」とか、「目標が高すぎるんじゃないのか？」という声が聞こえてくるのも当然です。

ＫＰＩを設計したスタッフも一生懸命に数値作成をしたのですが、自己流なので自信がありません。なかなか論理的に反論できません。結果、現場からも運用スタッフからも同様の声が聞こえてきます。

「ＫＰＩは運用が大変なのに使えない！」

そして、ＫＰＩ運用はしりすぼみになっていきます。

でも、本当は自分たちのやり方が間違っていただけなのです。

では、どのようにすれば正しいＫＰＩマネジメントができるでしょうか？

定期的に見ている指標にCSF候補がないケース

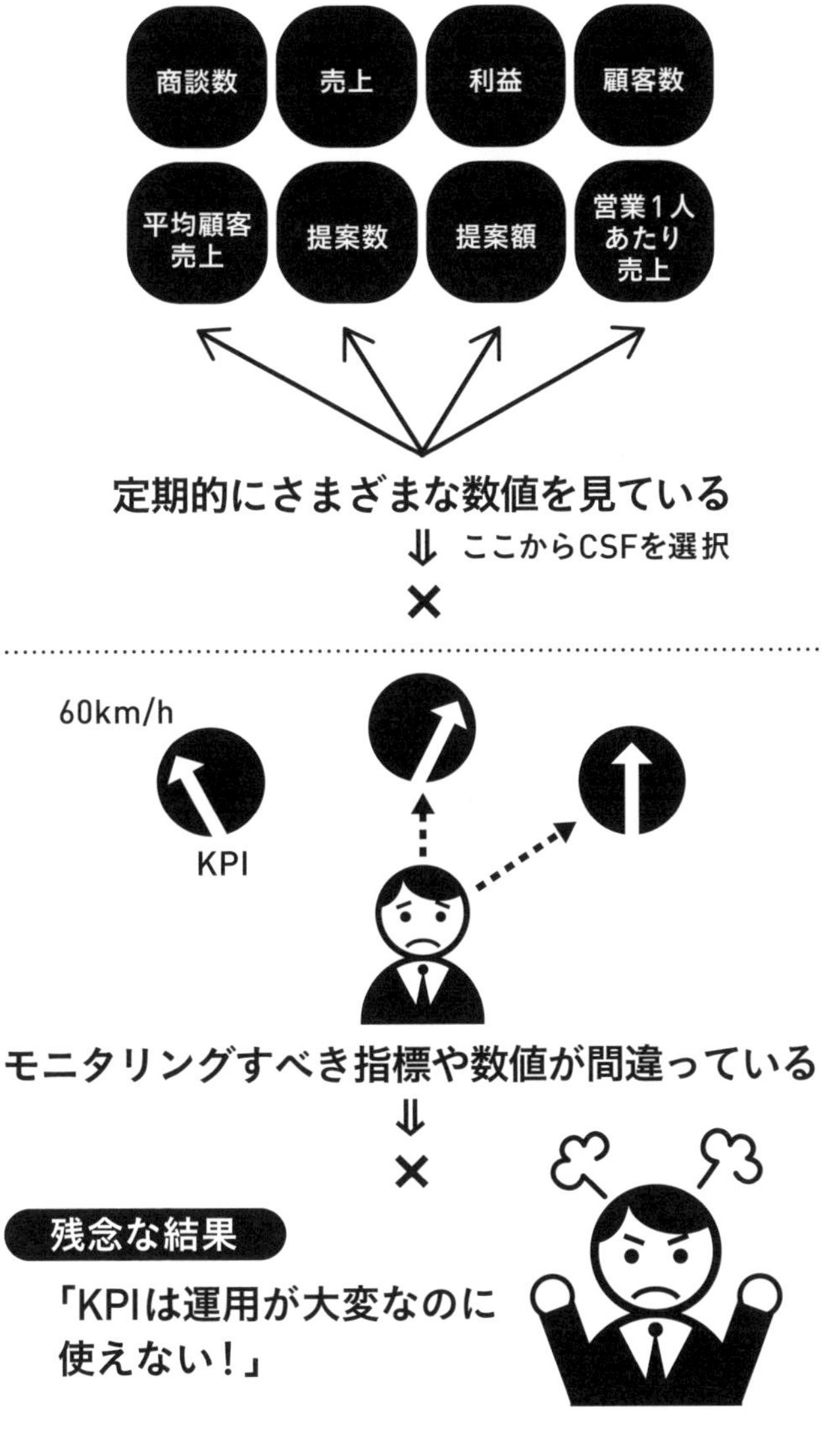

03

どうやってイケてるＫＰＩを作ればよいのか？──ＫＰＩのステップ①・②

図に標準的なＫＰＩマネジメントのステップをまとめました。

この図の説明順に作成すればイケているＫＰＩができあがります。

それでは、ステップごとのポイントをみていくことにしましょう。

最初の２つのステップはＫＧＩの確認と現状とのギャップの確認です。最初に、自分たちの組織の目的地はどこなのかを確認することです。企業であれば利益、営業組織であれば売上、事業開発中のサービスであればユーザ数などが考えられます。


このゴールが関係者間でずれていると話になりません。私たちのゴールは何なのか、そしてその目標数値はいくつなのかを関係者で確認しておくことが重要です。

そして、現状の延長でいくと期末にはどうなるのかを予測します。その予測数値とＫＧＩのギャップを把握します。もしも、このギャップがないのであれば、ＫＰＩマネジメントは不要かもしれません。

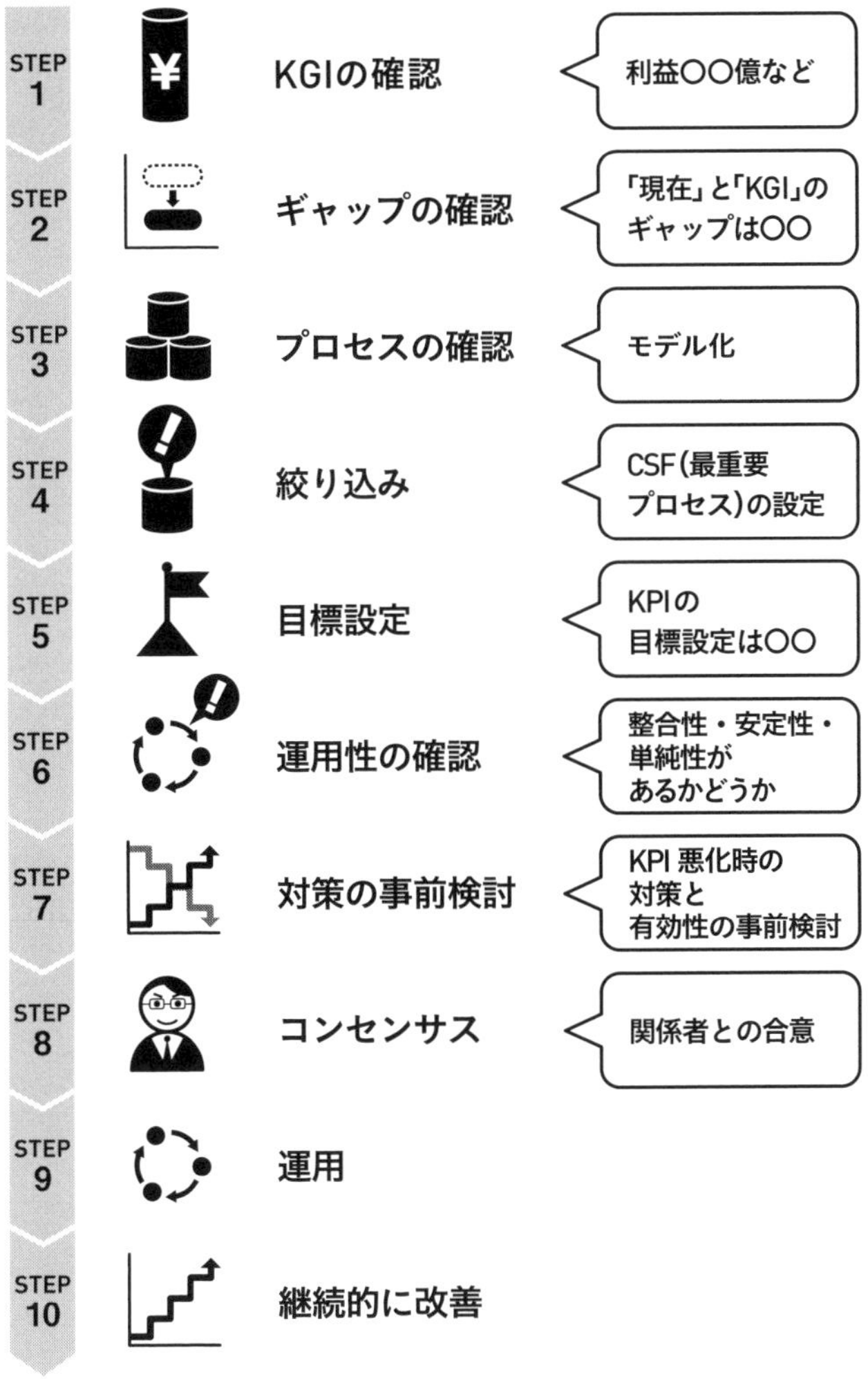

STEP			
STEP 1	¥	KGIの確認	利益〇〇億など
STEP 2		ギャップの確認	「現在」と「KGI」のギャップは〇〇
STEP 3		プロセスの確認	モデル化
STEP 4		絞り込み	CSF(最重要プロセス)の設定
STEP 5		目標設定	KPIの目標設定は〇〇
STEP 6		運用性の確認	整合性・安定性・単純性があるかどうか
STEP 7		対策の事前検討	KPI悪化時の対策と有効性の事前検討
STEP 8		コンセンサス	関係者との合意
STEP 9		運用	
STEP 10		継続的に改善	

KPIマネジメントの正しいステップ

04 プロセスの確認・モデル化

――KPIのステップ③

予測数値とKGIのギャップがない場合、つまり、このまま事業運営すればKGIを達成する場合は新たなことをする必要はありません。

しかし、多くの組織はKGIとのギャップがある場合がほとんどです。そのようなとき、KPIマネジメントが威力を発揮します。

例えば、このままでは利益目標が達成しないと分かった場合、どうすればよいのでしょうか。

利益は「売上－費用」で表されます。ですので、方法は大別すると2つです。具体的には、売上を上げるか、費用を削減するかの2つです。

自社のビジネスを数式としてモデル化する

まず「売上を上げる場合に、どうするのか？」を考えます。

具体的には、自社のビジネスがどのような数式として表現できるのかモデ

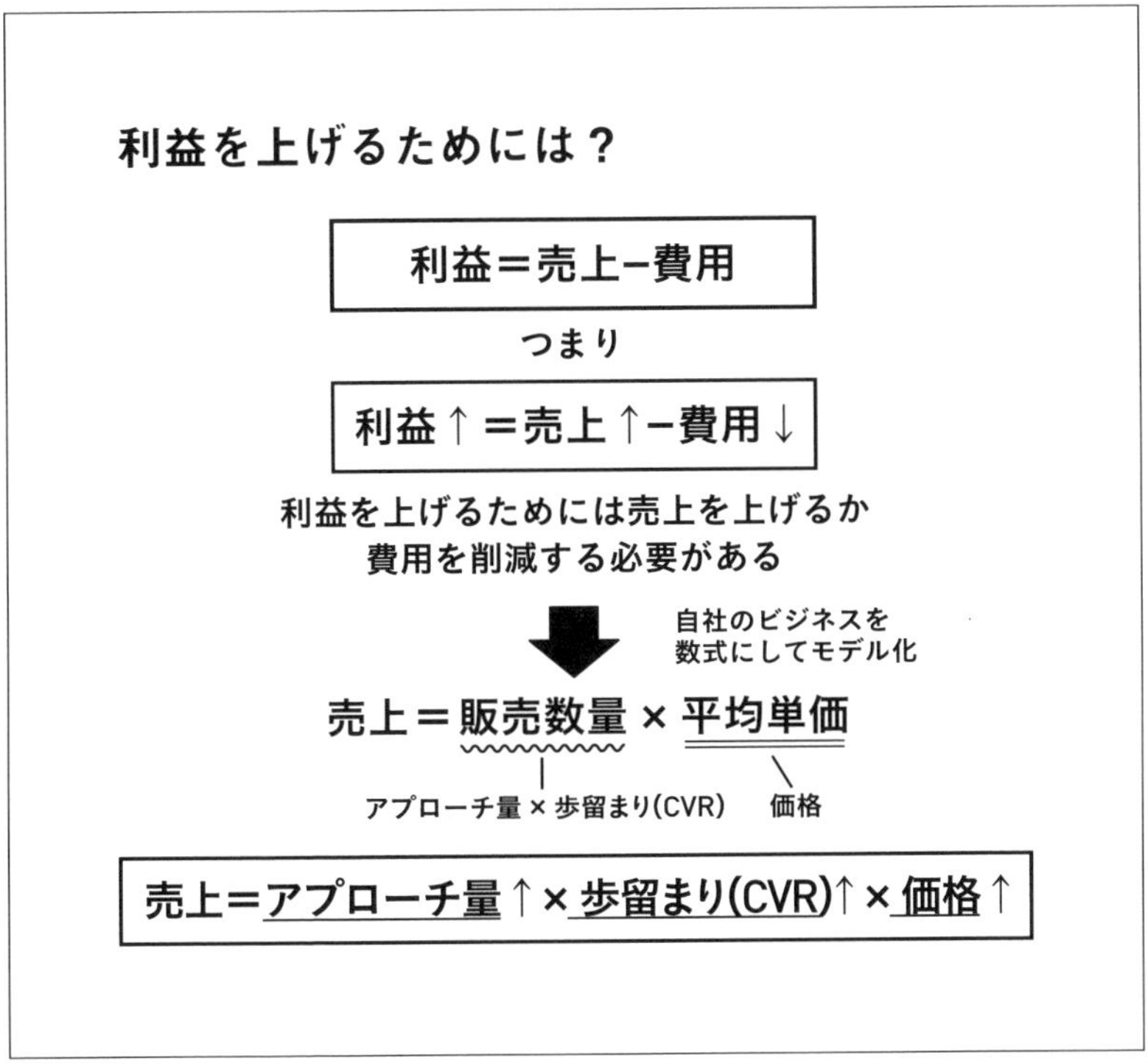

ル化します。

最もシンプルに売上を表現すると、**販売数量×平均単価**と表現できます。販売数量は「**アプローチ量×歩留まり（CVR）**」と表現できます。歩留まり（CVR）とは、ある量から最終的な成果に至る割合を示す指標です。コンバージョンレートともいいます。この例では、アプローチから販売に至る割合です。

平均単価を価格と略すと、「**売上＝アプローチ量×歩留まり（CVR）×価格**」の掛け算で表現できます。

売上を上げるための選択肢は、次の3つに大別できます。

①アプローチ量を増やす

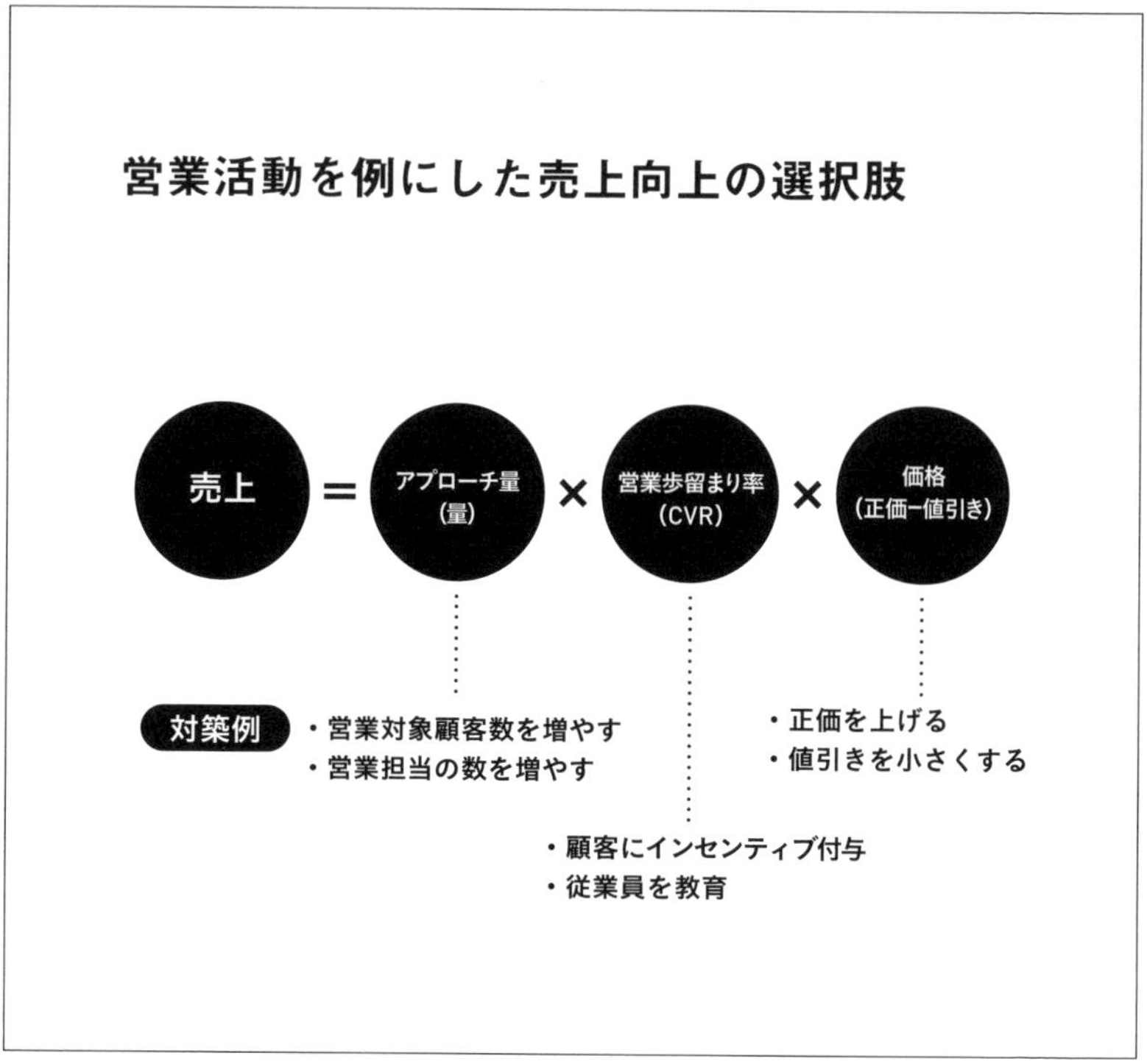

②歩留まり（ＣＶＲ）を向上させる

③価格を上昇させる

そのために私たちは何をすればよいのかを考えます。

例えば営業活動を例にすると、上の図に示したような数式になります。

アプローチ数（量）を増やすために、営業対象顧客数を増やすというのもあるでしょう。そのために、営業担当の数を増やすというのもあるかもしれません。

営業歩留まり率（ＣＶＲ）を向上させるのも、顧客にインセンティブを付与するのもあるかもしれません。従業員を教育するのもあるかもしれません。

価格の場合は、正価を上げることもできますし、値引きを小さくすることもできます。どうやって数値を変化させるのかを考えるわけです。

05

絞り込み（ＣＳＦの設定）

――ＫＰＩのステップ④

たくさんの変数がある中で、最も重要なプロセスをステップ④で絞り込みます。これが**ＣＳＦ（最重要プロセス）の設定**です。

絞り方は２つのステップで進めるとよいでしょう。

例えば、私が担当していた営業開発案件では、**売上＝量（利用者数）×ＣＶＲ（歩留まり率）×平均単価（価格）**という式で表現できました。

ステップ１　定数と変数を分ける

まず、数式の中でどれが定数で、どれが変数なのかを分離することです。定数は変化しないわけですから、ＣＳＦ候補から除くことができます。

定数といってもまったく数値が変化しないケースはまれです。実際、多少は変化するのだけれど、定数とすることができる、あるいは、現場のオペレーションではコントロールできる範囲が小さい要素を定数と置きます。

残ったものが変数になります。

ステップ2　残ったものからCSFを選択する

例えば、私が事業開発を担当していたときのケースです。

売上＝量（利用者数）×CVR（歩留まり率）×平均単価（価格）のうち、価格を定数と置きました。実際は少し変化するのですが、この価格を上げるというオペレーションをしないと決めた、あるいはできないと確認しました。

利用者（個人）に企業を紹介するのですが、いくらの商品を購入するのかは、利用者の状況と企業の商品力と営業力に依存する部分が多く、我々ではコントロールができません。

コントロールできないので、定数だと置いたわけです。すると残りは量（利用者数）とCVR（歩留まり率）になります。アプローチ量を増やすには、集客費用の投資など新たなリソースが必要になることが多いです。リソースとは資金や人員のことです。

私が担当していたのは事業開発、つまり新規事業の立上げでした。資金や人員は限られています。私たちのCSFは自然とCVR（歩留まり率）となるわけです。

次にＣＶＲを向上させるステップをさらに因数分解します。

例えば、認知→利用→企業紹介というステップに分解し、企業紹介を増加させることをＣＳＦと決めました。

さらにデータを分析すると、利用者に企業を1社紹介するよりも、複数社紹介する方が成約になる可能性が高い（＝ＣＶＲが向上する）ことをデータで把握できました。

結果、この複数社の企業を紹介することがＣＳＦだと決めたのです。

CSF(最重要プロセス)の設定方法

ステップ1 モデル化した数式の項目を「定数」と「変数」に分ける

定数 ○

変数 ×

ステップ2 変数からCSFを選択する(価格を定数としたケース)

売上 ＝ 量(利用者数) × CVR(歩留まり率) × 平均単価(価格)

量(利用者数)	CVR(歩留まり率)	平均単価(価格)
変数	変数	定数
⇓	⇓	⇓
△	○	×
新たなリソースが必要となるためCSFからは除外	CSFに設定	CSFとしては扱わない

⬇

CVRを向上させるステップを

認知 ⇒ 利用 ⇒ 複数企業の紹介

に因数分解

⬇

CSF＝企業紹介社数を増加させること

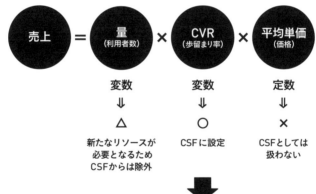

06

目標の設定

——KPIのステップ⑤

ステップ④で設定したCSFをどの程度の数値目標にするのかが、次のステップ⑤の目標設定です。この数値がKPIなのです。CSFを見つけることが重要で、それさえ特定できれば、KPIの目標設定は簡単です。

例えば、ある会社が個人顧客に対して1種類の提案をすると受注率が10%。複数案の提案をすると受注率が33%になることが分かりました。

受注率＝CVRを上げるには「複数案の提案」をすればよいわけです。この「複数案の提案」こそがCSFです。受注の平均単価が10万円で、売上目標が1000万円の場合のKPIを計算してみます。

売上目標（1000万円）÷平均単価（10万円）÷受注率（33%）＝303顧客に提案すればよいことが分かります。**この303がKPIなのです。**従来のCVR＝10%のままであれば、1000万円÷10万円÷10%＝1000顧客に提案が必要だったわけですから、このCSFを見つけることができた効果が分かると思います。ここまでがKPI設定の一つの山です。

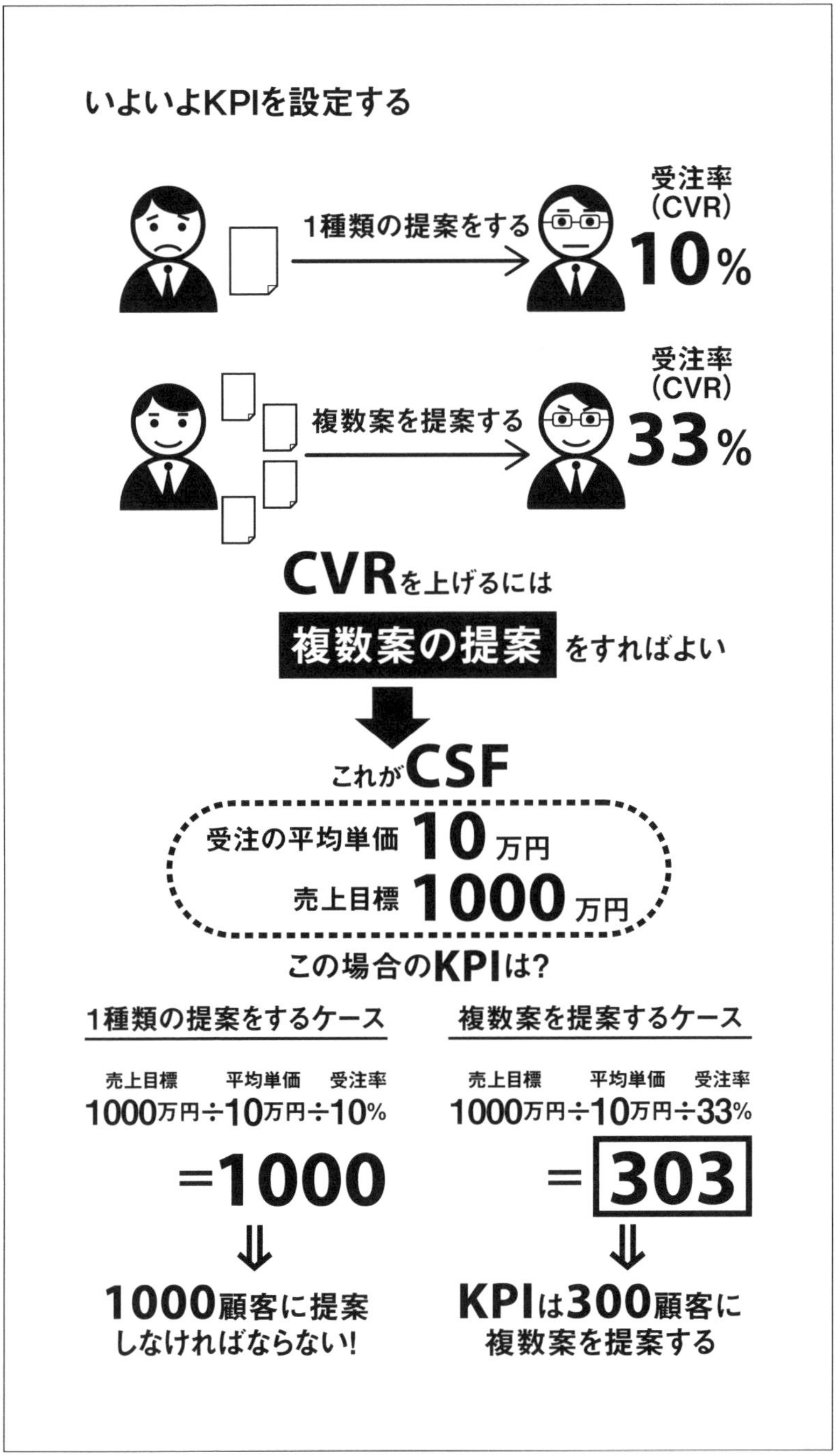
いよいよKPIを設定する
1種類の提案をする
受注率
(CVR)
10%
複数案を提案する
受注率
(CVR)
33%
CVRを上げるには
複数案の提案をすればよい
これがCSF
受注の平均単価 10万円
売上目標 1000万円
この場合のKPIは?
1種類の提案をするケース
売上目標 平均単価 受注率
1000万円÷10万円÷10%
=1000
1000顧客に提案
しなければならない!
複数案を提案するケース
売上目標 平均単価 受注率
1000万円÷10万円÷33%
=303
KPIは300顧客に
複数案を提案する

07

運用性の確認——KPIのステップ⑥

そして、これ以降がもう1つの山です。もう1つの山は、**「KPIマネジメントをきちんと運用できるのか？」を設計するプロセス**です。

まずは、運用性を次のステップ⑥で確認します。つまり、設定したCSFやKPIの理屈上の正しさと、実際に運用できるのかを事前に確認しておくのです。

ポイントは3つ。

①整合性
②安定性
③単純性

これらを1つずつ確認していきます。

理屈上の正しさを確認する「整合性」

1つめは、整合性。ロジックが正しいかということです。つまり理屈上の正しさの確認です。

具体的には、そのCSFが変化するとKGIも変化するのか。そしてKPIが達成するとKGIも達成するのかといった整合性を確認します。

先ほどの私の事業開発のケースでは、利用者(個人)に複数社企業を紹介するとCVR(歩留まり率)が向上することは分かっています。

しかし、現状は、1社しか企業紹介できていないケースが大半でした。現場には、このCSFのプロセスを強化して行動してもらうわけです。具体的には、利用者(個人)にもう1社紹介して、商談をしてもらうわけです。

すると、利用者(個人)も企業も時間と手間が増えてしまいます。しかし、手間を増やして成果に結びつかなければどうしようと考えてしまいがちです。

初めてKPIマネジメントを実施する際、実際のところやってみないと分からない場合が正直あります。その場合でも、できる限り事前検証を行って、その事実を関係者と合意を取っておくことが重要です。

時間的に余裕があるのであれば、組織や地域や人員など対象を絞る、期間を限定するなど実験を繰り返して精度を高めてから全面展開するのが理想的です。

安定して運営できるかどうか

2つめは安定性です。KPIの数値取得が安定的にできるのかということです。

データ入手や加工の日程と他業務がかぶっていないか、そのデータ入手を外部に依存せざるをえないことはないかなど、安定的にデータをアウトプットできるのかを確認します。

先ほどの私の事業開発のケースでは、複数社の企業を紹介しているかどうかをカウントするだけなので、安定的にリアルタイムに数値が把握可能です。

今後はRPA（Robotics Process Automation）などの進展により、少しくらい複雑な数値取得であっても、この部分の作業負担は減少していきそうです。

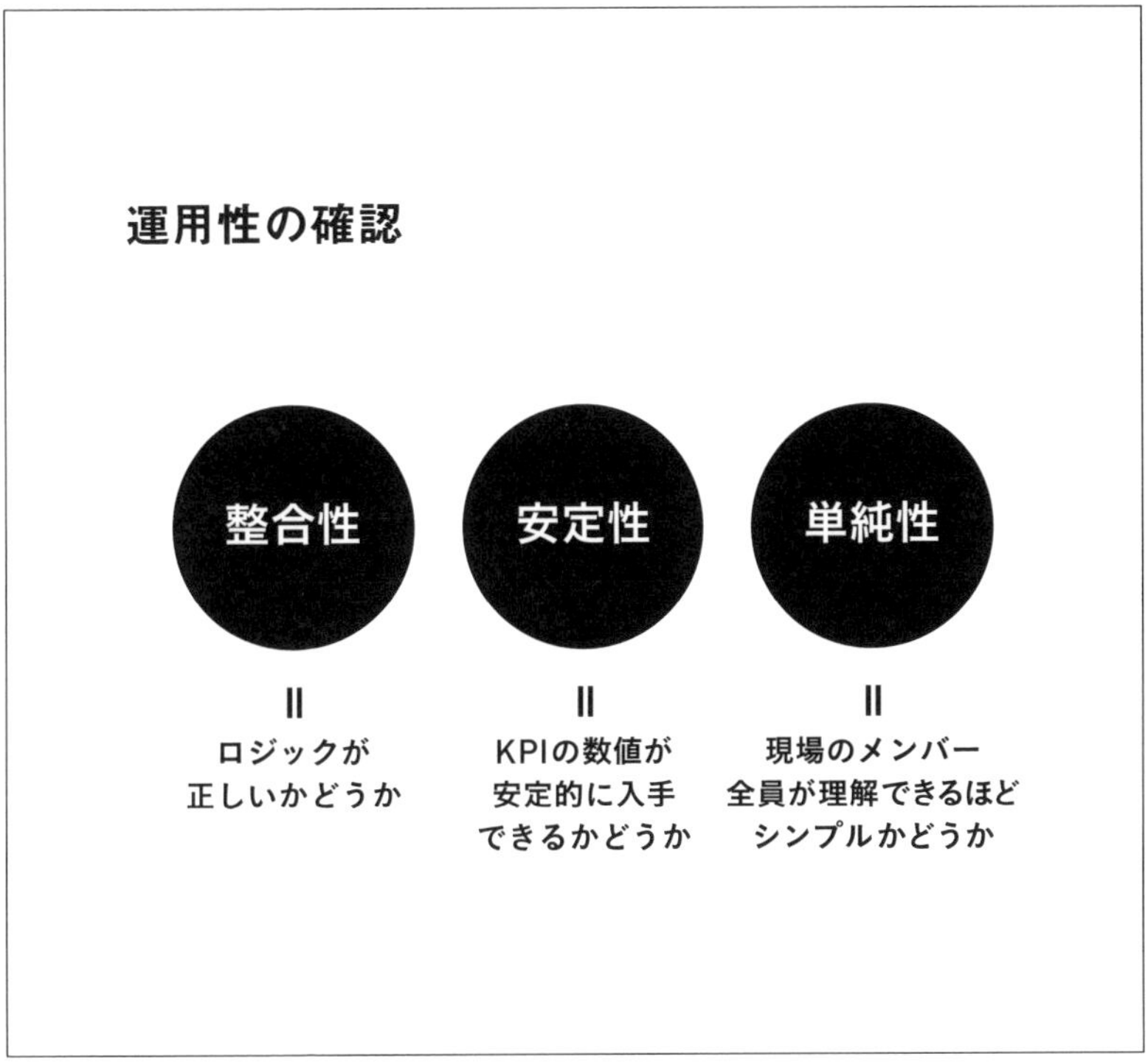

シンプルに理解できるかどうか

最後の3つめは単純性の確認です。

ＫＧＩとＫＰＩの関係性がいかに正しくても、安定的にデータをアウトプットできたとしても、現場のメンバーがまったく理解できないのでは困ります。

これらの関係性が分かりやすいか、単純なのかどうかの検討が必要です。

先ほどの私の事業開発のケースでは、複数社の企業を紹介しているかどうかは、データ的にも説明可能ですし、企業を1社紹介するよりも、複数社紹介した方が、利用者（個人）の行動シェアが高まりますので、成果は容易に理解できます。

ちなみに、**「行動シェアが高まる」**とは、利用者個人が3社の母集団から1社を決定する場合、1社紹介するよりも2社紹介する方が、決定会社になる可能性が高まることを言います。

08

対策の事前検討とコンセンサス

——KPIのステップ⑦・⑧

そしてステップ⑦では、KPI数値が悪化した場合の対策を事前に決めておきます。数値が悪化した場合の対応策は、大別すると次の4つです。

①さらに資金を投入する
②さらに人を投入する
③両方やる
④現有戦力のままやる（つまり何も変えない）

しかし、実際に数値が悪化してから検討することになると、時間がありません。結局、現有戦力のままやるという判断か、きちんと検討せずに必要な経営資源（人・モノ・金・情報）を多めに投入するしかなくなることが多いのです。

これでは原始的なマネジメントです。ですので、事前にデータが悪化した場合の打ち手を決めておこうというわけです。

何を事前に決めておけばよいか

事前に決めておく項目は4つです。

①いつ（時期）
②KPIがどれくらい悪くなったら（程度）
③どうするのか（施策）
④最終判断者（決裁者）

例えば、施策1か月経過後（＝時期）、KPIが想定よりも20％低い場合（＝程度）、他組織から人員を10名投入する（＝施策）といった具合です。

4つ目の項目が案外重要です。施策の実施、非実施の「最終判断者（決裁者）」を誰にするのかということです。

KPIがうまくいっていない、つまり問題発覚時には、施策投入のタイミングが重要です。その際に皆で追加施策をやるのかやらないのか議論していていては意思決定できません。あるいは時間がかかります。

それを防ぐために、施策実施の最終判断者を事前に決めておくのです。**通常は組織のトップにしておくのが最適です。**

このケースでいうと、1カ月経過後（時期）、KPIが想定よりも20％低い場合（程度）、他組織から人員を10名投入する（施策）。最終判断するのは○○専務（決裁者）といった具合に事前に確定しておくのです。

この4つの項目を決めておき、文章として残しておきます。これにより、KPIの数値悪化時に短時間で意思決定できるようになります。

そして次のステップ⑧では、今まで確定したKGIとKPI、そしてKPIが悪化した場合の施策と最終判断者が誰かを関係者間で確認を取ります。確認が取れない場合は当然修正を行うわけです。

ここまでの8つのステップを経てから、⑨運用に進むのです。そして、運用をした後もやりっぱなしではなく、⑩継続的に改善を続けます。

これらのステップは、いわゆるプロジェクトマネジメントの設計と同じで、運用までのこうした設計ステップがきわめて重要なのです。

対策の事前検討とコンセンサス

KPIが悪化した場合の対応策

① さらに資金を投入する
② さらに人を投入する
③ 両方やる
④ 現有戦力のままやる(何もしない)

⬇

事前に打ち手を決めておく

事前に決めておく4つの項目

	(例)
① いつ(時期)	施策から1カ月経過後の8月31日
② KPIがどれくらい悪くなったら(程度)	想定よりも20%低い場合
③ どうするのか(施策)	他組織から人員を10名投入する
④ 最終判断者(決裁者) 意外とコレが重要!	○○専務

コラム

前からやるか、後ろから考えるか

ダメなＫＰＩの作り方とイケてるＫＰＩの作り方を比較すると、イケてるＫＰＩは前半部分、つまり運用するまでにかなりの時間をかけているのが分かります。

ダメなKPIの作り方でKPIマネジメントの運用を始めると、運用後に問題が起きる可能性が高まります。

つまり、結果として、後になってから時間がかかることが多いのです。

イケてるＫＰＩでは前半部分に「時間をかけ」、ダメなＫＰＩでは後半部分に「時間がかかる」のです。

実は、ダメなＫＰＩの作り方をする人は、ＫＰＩの作り方に限らず、仕事の要領が悪いケースが少なくありません。私はこのタイプを「前からやる」タイプと呼んでいます。そして要領がよいタイプを「後ろから考える」タイプと呼んでいます。

さて、あなたはどう分析するか？

担当事業部長から次のようなデータを渡された

「5月は計画通り、営業担当35人で売上1億500万円、1人あたり300万円の売上だった。とてもよい状態。
とはいえ、何か問題がないかどうか確認してほしい」

4営業組織ごとの売上データ

	合計	商品A	商品B
首都圏	3,800	2,150	1,650
関西	1,680	1,140	540
東海	1,120	700	420
他のエリア	3,900	2,850	1,050
合計	10,500	6,840	3,660

（単位・万円）

どのタイプなのか見分ける質問

私は11年間KPIの講座だけではなく、もう1つ「数字の読み方、活用の仕方」というテーマで、リクルートグループのメディアの学校で講座を持っていました。

その講座での冒頭の質問です。

【質問】

あなたはある営業部の営業企画担当です。担当事業部長から次のようなデータを渡されました（上図参照）。

さらにこう言い渡されました。

「5月は計画通り、営業担当35人で売上1億5００万円、1人あたり3００万円の売上だった。とてもよい状態だと思う。とはいえ何か問題がないか確認してほしい」

あなたはどのような分析を行いますか？

この課題に対しての受講者の態度は、おおよそ4つのタイプに分類されます。

①何もしないタイプ
②すぐに計算を始めて分析しだすタイプ
③何のために分析するのか考えるタイプ
④データの確からしさをチェックするタイプ

あなたは、どのタイプに近かったでしょうか？

①何もしないタイプ

これは数字にアレルギーを持っている人です。数字に関する仕事に対しては「努力をしないタイプ」に分類されます。

まぁ、仕方ないですよね。このタイプのメンバーには、数字に関係しない仕事をしてもらうのがよいでしょう。

②すぐに計算を始めて分析しだすタイプ

実は、この行動をとる人たちが私のいう「前からやる」タイプです。そして、「一生懸命なのに要領が悪い」「がんばっているのに成果が出ない」メンバー予備軍なのです。

いやいや、仕事の着手が早いのはよいのではないかと反論が聞こえてくるかもしれません。はたしてそうでしょうか?

このケースでいうと。私は受講者に次のように伝えます。

「すぐに計算・作業を始めてはいけません！」

「データが正しいのかどうか、確認をする習慣をつけましょう」

「例えば、数字の桁数は妥当ですか？」

「構成比やシェアの数値に矛盾はないですか？」

「出所は確かですか？」


正しくないデータを分析した時間は、まったくの無駄。さらに、正しくないデータで事業判断をすれば……。怖いですね。

そうなんです。

この「目の前の仕事からやる」＝「前からやる」タイプの方は、無駄な仕事や事故（間違った判断）をする可能性があるのです。

③何のために分析するのか考えるタイプ

これを選んだ人は、要領がよい人や生産性が高く成果を出す人が多く「後ろから考える」タイプと呼んでいます。

④データの確からしさをチェックするタイプ

これを選んだ人は、数字を正確に取り扱える人で、確度の高い仕事をするケースが多いですね。

さらに詳しく知りたい人は私が書いた次のウェブ記事をご参照ください。

BUSINESS INSIDER JAPAN
努力しても成果がでない人はここに無駄がある
——成果を出す人は「後ろから」考える
https://www.businessinsider.jp/post-108611

第 2 章

KPIマネジメントを実践するコツ

01

ダメダメなＫＰＩってどこで分かるの？

講師をしていると、この「ダメなＫＰＩは分かるのか？」というのもよくある質問です。先ほど説明したように、もちろん作り方を聞けば、当然分かります。

しかし、私はＫＰＩだけを見て、それがダメ、あるいはかなりダメダメなＫＰＩかどうか分かります。それも瞬時に分かります。

もっと正確に表現すると、具体的に話をしなくても分かります。

ちなみに、これは私だからできるのではなくて、ポイントさえ押さえれば、誰でも分かるようになります。

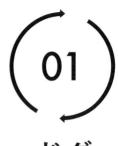

ダメダメなＫＰＩを瞬時に見抜く方法

ダメダメなＫＰＩマネジメントを一番簡単に把握する方法は、まず、質問者に、自組織のＫＰＩマネジメントの資料をメールなどで送ってもらうことです。

典型的なパターンは、本文に簡単な説明といくつかの資料が添付されています。その際に例えば、メールの添付資料を開封しなくても、ダメダメKPIが分かるのです。

典型的なダメダメ例は、添付資料がエクセルなどの「表計算ソフト」である場合です。この添付資料を開けると、エクセルの表にたくさんの項目と数値の組み合わせが並んでいます。つまり、たくさんの指標を管理していることが分かります。

KPIとは「事業成功」の「鍵」であるCSFを「数値目標」で表したものだと説明しました。**「事業成功」の「鍵」だから、1つです。**たくさんの数値を管理しているのは、数値マネジメントであり、KPIマネジメントではありません。

エクセルの添付資料を送ってきたとしても、あるいは、さまざまな数値を管理していたとしても、本文に「KPIはこれです」と書くことはできます。「添付資料は参考資料です」と書くこともできます。

しかし、残念ながらそのようなケースにはお目にかかったことがありません。ホスピタリティの問題かもしれません。ホスピタリティの高い人は、相手の時間を最小限で済ませようと思います。

メールの本文を見たら分かる。それも短い文章で簡潔に書くことで、相手の負担を最小限にしようとします。

しかし、エクセル資料を補足説明なしで送ってくる人は、その感性が弱いのです。

イケてるKPIの場合は、メール本文にずばりKPIが書かれています。例えば、「今期のKPIは紹介組数2000です」といった具合です。そして添付資料は、CSFを決めた経緯やKPIの数値ロジックなどの説明資料です。

ですので、メールの本文と添付資料を見ただけで、イケているKPIなのかダメダメKPIなのか想像ができるのです。

話が長くなりましたが、つまり、エクセルを送ってくる組織のKPIはダメダメなのです。

だから簡単に分かるのです。

02

ＫＰＩは「信号」だから「1つ」

ちなみに、たくさんの指標を管理していることをいけないとか、間違っていると言っているのではありません。それはＫＰＩマネジメントではなく、単なるIndicatorマネジメント。つまり、数値管理をしているだけだと言っているのです。

ＫＰＩマネジメントは、最も重要な数値だけに焦点を絞ってマネジメントしようということなのです。

当然、経営企画スタッフや商品企画スタッフは、さまざまな数値を把握する必要があります。ＫＰＩを設定する際にも、たくさんの数値の確認が必要になるケースもあります。

ただし、**たくさんの数値を管理しているだけではＫＰＩマネジメントではない**ということをお伝えしたいのです。

見るべき信号がたくさんあったらどうなるか？

私は、講座の中での例え話として、「KPIは信号」と説明しています。信号についていまさら説明する必要はありませんが、確認のために説明すると――

「青」はこのまま進んで大丈夫。
「黄」は注意する。あるいは停《と》まる。
「赤」は停まる。

――ということです。

つまり、KPIの数値目標を達成している状況は「青」信号の状態であり、「このままの戦略・戦術を進めてOKです！」ということです。

同じく、KPIを達成していない状況は「黄」信号。つまり問題が起きつつある状態。

そして未達成が続く。あるいは大幅な未達成が「赤」信号なのです。

「赤信号」になったら、現在の戦略、戦術を継続して行うのではなく、立ち止まって、事前に想定した対策を打つということです。

想像してみてください。

車で交差点に進入しようとしています。

交差点に信号がたくさんあったらどうでしょうか？

たくさんでなくても複数あったらどうでしょう？

進んでよいのか、止まったらよいのか分からなくなります。

実際の交差点はどうかというと、実は複数の信号があります。ただし、それは自動車用であったり、歩行者用であったり、自分自身がチェックすべき信号は1つです。

つまり、KPIが信号だとするならば、1つであることが重要なのです。

また先行指標の「先行」という言葉も重要です。

「先行」とは事前に分かるということです。

例えば、同じ車で交差点に入って、横からも車がやって来て交通事故が起きたとします。その後になってから「赤」信号になってしまっては意味がありません。

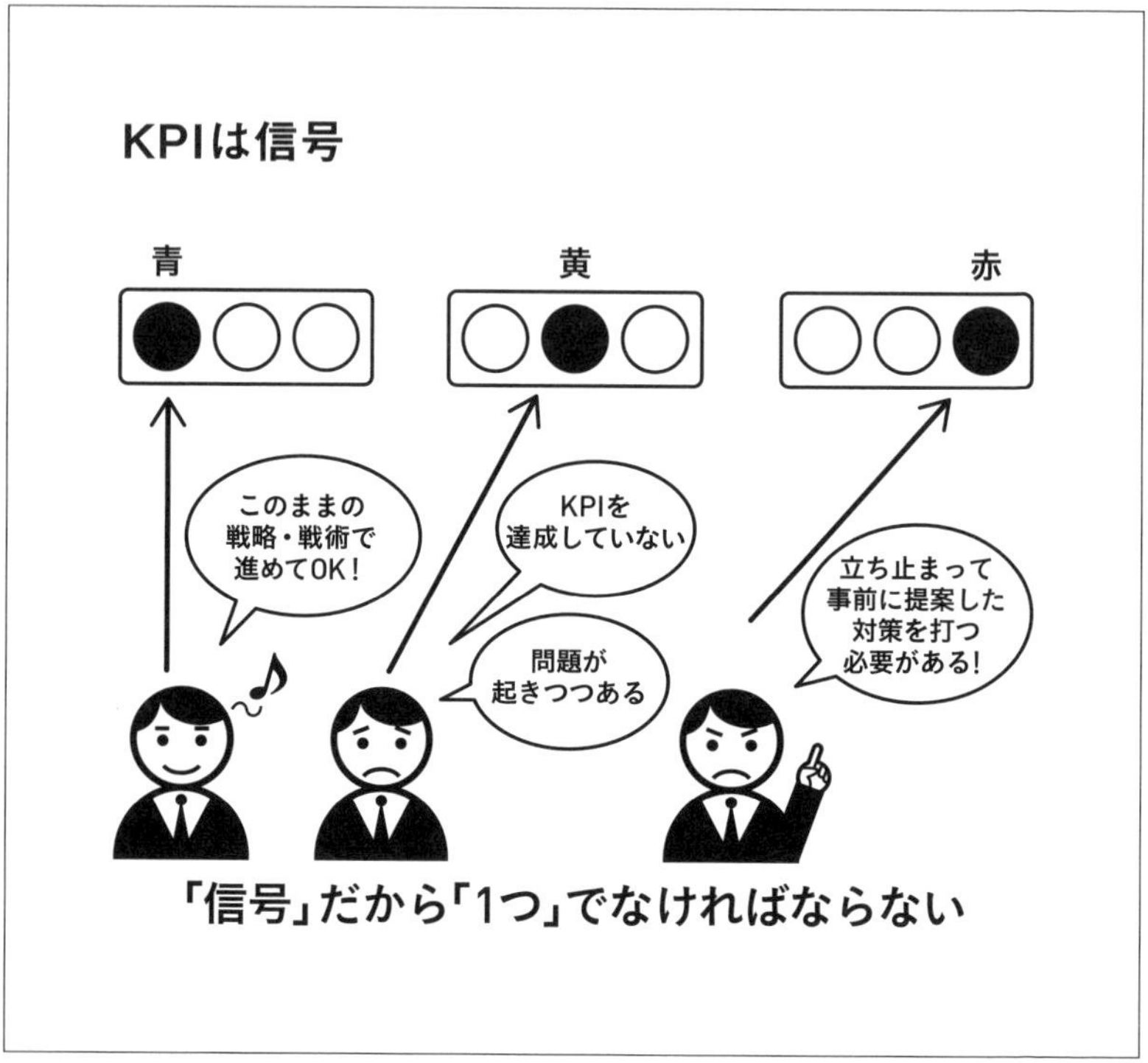

車が交差点に入る前に信号が何色なのか分からないと意味がないのです。

つまり、ＫＰＩは信号なので「１つ」。

そして交差点に入る前に分かる必要があるので、「先行指標」であることが重要なのです。

大きなカーブの直後に交差点があるケースでは、信号の前に、さらに信号の予告信号があるケースがあります。

あのような信号が優秀なＫＰＩなのだとイメージしてください。

03

ＫＰＩは誰のものか？

ＫＰＩは、ＫＧＩ（Key Goal Indicator）の先行指標。そして最重要プロセスを表現するＣＳＦ（Critical Success Factor）の数値目標であると説明しました。

そして、ＫＰＩの役割は、事業運営の信号です。だから１つ。そして先行指標でなければならないという説明をしてきました。

ＫＰＩは経営者のためのもの？

ちなみに、この信号は誰のための信号なのでしょう？

「誰」というのは、例えば、経営者のもの、あるいは経営スタッフのものだという考え方もできます。もう少し対象を広げて経営幹部や管理職以上のものだという考え方もできるでしょう。そして最大限広げると従業員も含んだ全社の目標だという考え方もできます。

必ずしも絶対の答えがあるわけではありません。

ただ、例えば、ＫＰＩが一部の人のためのものだとします。経営者だけ、経営スタッフだけ、経営幹部だけ、管理職だけだとします。

ＫＰＩを運用中に、数値が悪化したとします。つまり信号が赤になったわけです。すると、戦略変更や方向転換が必要になります。

この戦略変更を実行するためには、ＫＰＩを知らない従業員に伝達する必要があります。

従業員からすると青天の霹靂《へきれき》です。場合によってはＫＰＩについて一から説明が必要になるかもしれません。そのための手間と時間がかかることになります。この時間が無駄です。そしてできるならば避けたい時間です。

特にＫＰＩが悪化した場合は、非常事態です。このままではＫＧＩという最終ゴール数値に到達しないわけです。

ＫＰＩマネジメントは平時、つまり何も起きていないときは、単なる安心材料です。しかし、緊急事態に、より効果を発揮するのです。戦略・戦術の変更の必要性などの度合いが分かるのです。

そう考えると、ＫＰＩマネジメントは、理想的には、全従業員のものであることが望ましいわけです。全従業員がＫＰＩに興味を持って、それが悪化した場合に、各現場で打ち手を打ち始めている。

これだと、かなりイケてる組織だと思います。

しかし、実際は、全従業員が意識するKPIを設定するのはかなり難しいものです。ただ、経営陣は、そうなるように努力して、最終的には全従業員がKPIに興味を持つようにしたいものです。

そのためには、まずKGI数値を全従業員が意識していること。そして担当サービスのCSFが何かについて従業員皆が知っているようにすることから始めるとよいでしょう。

KPIを従業員みんなで共有するときの大事なポイント

KPIが従業員みんなのものだとすると、KPIを設定する担当者が気にすべきポイントが2つあります。

①CSFが分かりやすいこと

企業規模や職種や従業員の多様性に関連しますが、KPIの数値のもととなる事業成功の鍵であるCSFが分かりやすく説明できることが重要です。

例えば、A×B÷Cなどというように、何かと何かを掛け算して、何かで

KPIを従業員みんなで共有するための工夫

CSFが分かりやすいこと

A×B÷C　NG!

（例）
提案額・訪問数など　OK!

覚えやすい数値であること

9,974
10,543
NG!

10,000
555（ゴーゴーゴー）
OK!

割ったものなどは避けた方がよいでしょう。

②覚えやすい数値であること

ＫＰＩの数値そのものが覚えやすい数値であることが重要です。キリのよい10000だとか、ゴロ合わせの555（ゴー・ゴー・ゴー）などといった工夫が必要です。

しかし、実際は、9974だったり、10543だったり、計算上は正しいのですが、覚えにくい数値をＫＰＩにしていることが散見されます。

ぜひ、覚えやすい数字にするようにしてください。

04

分母が変数の場合は要注意！

KPIの目標数値を計算する際に、分数を使うことがあります。

当然ですが、分数には分母と分子があります。

通常、分子は変数ですが、分母はというと定数の場合と変数の場合の2通りあります。分母が定数の場合とは、例えば達成率（＝実績／目標）のようなケースです。目標数値は変化しないので定数です。

一方、分母が変数の場合、例えば提案率（＝提案数／来場数）などのケースもあります。

この分母が変数の場合、数値の取扱いに注意が必要です。

全国チェーンで来店した顧客に提案するケース

具体的な例で考えてみましょう。

例えば、全国展開のチェーン店で、来店した顧客数を分母に、そのうち何らかの提案ができた顧客数を分子にして**提案率（＝提案数÷来店数）**を高めることがCSFであるとしたケースです。

具体的な数値でいうと全国10店舗で、100人の営業担当が毎週の提案率80%以上を追いかけます。

全国平均で80%を追いかけているのですが、同じ80%以上のKPIを各店舗、各個人も追いかけているとします。

販売員Aさんは今週末時点で50組の接客（＝来店数）を担当して、すでに40組の提案を実行しています。つまり、**提案率＝40÷50＝80%**です。

このまま終了すれば、KPI達成です。

ところが、最終日の閉店間際に1組のお客様が来店されました。

Aさんはどうするでしょうか？

1組のお客様と接客した場合、2つの結果が想定できます。きちんと提案ができて、**(40＋1)÷(50＋1)＝80・4%**と個人のKPI達成となるケース。

こちらは問題ありません。

ところが、提案できずに**40÷(50＋1)＝78・4%**と個人のKPIが未達成になってしまうケースです。

Aさんは、KPI未達成のリスクがあるので、接客を躊躇《ちゅうちょ》するかもしれま

せん。お客様に来週来てほしいと伝えるかもしれません。

その雰囲気はお客様にも伝わります。これがきっかけで、大事な1組のお客様を失ってしまうかもしれません。これは100人の販売員のうちAさん1人の問題かもしれません。

しかし、それがあちこちで起きているとするならば、会社としては大きな損害です。こんな仕事の仕方はプロではないというかもしれません。

しかし、実際に起きうる話です。

プロスポーツでも起きています。

例えば首位打者争いです。**ヒット数÷打席数＝打率**です。

ヒット数も打席数も変数です。首位打者は、その年の最高打率のバッターが得られる栄誉です。首位打者争いをしている選手が、最終試合などで打席に立たないことがあります。

これなどまさに分母が変数の場合の割り算を指標にした場合の弊害です。せっかく、その人のバッティングを見に来ていたファンの期待を裏切ってしまうのです。先ほどの接客のケースとまったく同じです。

ではどうしたらよいのか。

分数をやめて、実数にすればよいのです。

野球の例でいうと、ヒット数にすればよいのです。ヒットを打つためには打席は多ければ多いほどいいのです。そうすれば、ヒット数を増やせる可能性が高まります。イチロー選手がヒット数を意識しているのは、同じ理由だと聞いたことがあります。

今回の例であれば、CSFを「提案率」ではなく「提案数」にすればよいのです。KPIを分数にする場合は、分母が変数なのは避けた方がよいことを覚えておいてください。

KPIの目標数値の計算で分数を取り扱う要注意ケース

分母が定数

$$達成率 = \frac{実績}{目標数値}$$

分母が変数

$$提案率 = \frac{提案数}{来店者数}$$

↓

要注意！

KPIを提案率80%にした場合

50組を接客して
40組に提案できた
Aさん

$$提案率 = \frac{40}{50} = \boxed{80\%}$$ KPI達成

↓

最終日の閉店間際に1組のお客様が来店

提案できたら…

$$\frac{40+1}{50+1} = 80.4\%$$

○ KPI達成

提案できなければ…

$$\frac{40}{50+1} = 78.4\%$$

△ KPI未達成

Aさんは来場したお客様の接客を断りたくなる！

05 越えなければいけない2つの壁

ＫＰＩは従業員のものである。だから、ＣＳＦをシンプルにして、ＫＰＩを分かりやすい数値にすべきだと頭で理解したとしても、実行に移すためには２つの壁を越える必要があります。

１つめは「バカの壁」。どこかで聞いたことがある壁です。ただ少しニュアンスは異なります。

もう１つは「不安の壁」です。

意外と陥りがちな「バカの壁」

１つめの「バカの壁」から説明しましょう。

従業員の皆が分かりやすいＣＳＦを見つけだし、関係者に提示した際の典型的な反応はどのようなものでしょうか。

「分かりやすい」という賞賛の声が上がる可能性もあります。

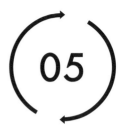

しかし、一方でＣＳＦがシンプルで分かりやすいだけに――

「そんなことは分かっている」
「その話の続きが聞きたい」
「こんな簡単なことを見つけるのに、こんな時間をかけているのか」
「時間の無駄だ」

――といった否定的な発言が起きるのではないかとも想像できます。

やや独断と偏見に満ちているかもしれませんが、ＫＰＩ原案を作成するスタッフは、高学歴者が多く、子供のころから「賢い」と褒められることが当たり前で、「バカ」だと言われることに慣れていません。

実際は、複雑なものから重要なことを1つだけ選択するのは、かなり難しいのです。しかし、選択したＣＳＦは分かりやすくシンプルなので、このように言われるのではないかと思ってしまうのです。

つまり、分かりやすいＣＳＦを提示した場合に、「バカだと思われるのではないか？」という壁を越えなければいけないのです。

これを**「バカの壁」**と呼んでいます。

乗り越えるべき「不安の壁」とは？

もう1つは、**「不安の壁」**です。

CSFを1つに絞るということは、選んだ1つ以外の他すべてを捨てるということです。もし、このCSFが間違っていたらどうしようと不安になるのです。

当然です。

ところが、この不安に負けて、CSFに2つめを加えると、もうおしまいです。そうなると2つも3つも変わりません。4つ、5つと際限なく増えていきます。

このような「うまくいかなかったらどうしよう……」という「不安の壁」を越えなければいけないのです。

まずはCSFをシンプルにし、1つに絞るには、「バカの壁」と「不安の壁」という2つの壁を越える必要があるのだと認識しておいてください。

知っていると、越えられる可能性が高まります。

これは、案外、意識の問題が大きいのです。

講座では、このように説明すると半分強の人は納得してくれます。

しかし、残りの半分弱の人は、半信半疑の顔をしています。本音では、「1つにしなくてもよいのでは?」と思っています。

この気持ちを払拭《ふっしょく》しなければいけません。

つまり、信号は1つでなくてよいと思っているのです。

そこで、「そもそもKPIマネジメントはなぜ必要なのか?」という根本問題に立ち返って、CSFをシンプルに1つに絞らなければならない必要性について説明することにしましょう。

06

キーワードはＰＤＤＳ

そもそも、なぜ組織にＫＰＩマネジメントが必要とされるのでしょうか？

一言でいうと、KPIマネジメントを活用してマネジメントそのものを進化させるためです。

マネジメントが進化し続けている企業の共通点は、弛《たゆ》まざる継続的な改善活動にあります。つまり、ＫＰＩマネジメントを継続すると、マネジメントレベルが向上するのです。

マネジメントの進化に不可欠なＰＤＤＳとは？

その際のキーワードが**ＰＤＤＳ**です。左図を見てください。

振り返りのサイクルとして**ＰＤＣＡ（Plan-Do-Check-Action）サイクル**や**ＰＤＳ（Plan-Do-See）サイクル**などを聞いたことがあるかもしれません。

このＰＤＤＳサイクルは、私がＫＰＩマネジメントの重要性を説明するために考案したオリジナルのサイクルです。

PDDSサイクルは、Plan-Decide-Do-See の4ステップで、See からまた Plan に戻ります。

PDCAサイクルやPDSサイクルと比較すると、Plan と Do の間に Decide というステップを入れています。日本語で表現すると「決める・絞る」というステップです。

PDCAサイクルにしてもPDSサイクルにしても私オリジナルのPDDSサイクルにしても、Pから読み始めるので、誤解しがちなのですが、**最も重要なのは、サイクルを1回りし、もう一度次のサイクルに戻る部分です。**

KPIマネジメントに不可欠なPDDSサイクル

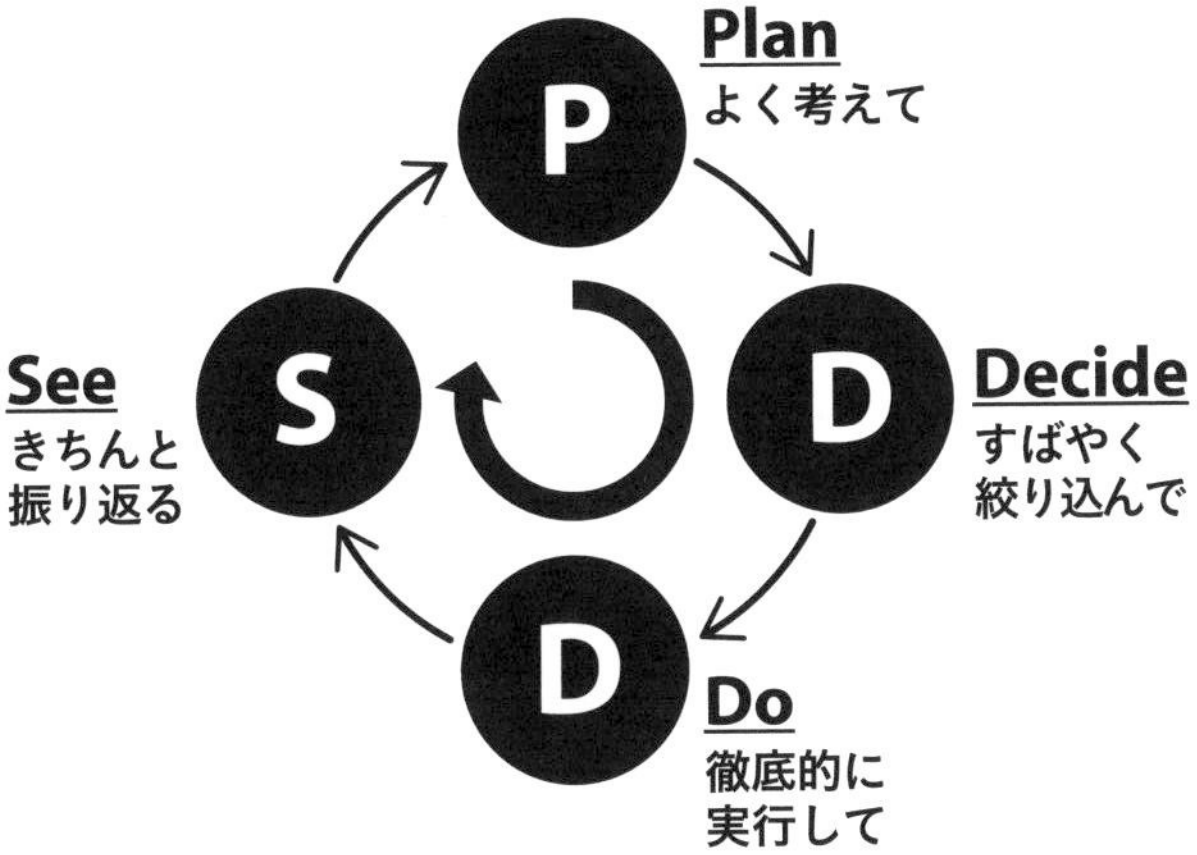

PDDSサイクルでいうと、S→Pのステップなのです。つまり、Doの後にきちんとS（振り返り）をして次回のPに活用することなのです。

「マネジメントレベルを進化させ続けている企業の共通点は弛まざる改善活動」と書きました。

この改善活動こそ、このS→Pの部分なのです。

KPIが複数あると何が問題なのか？

ここでぜひ想像してみてください。

もしも、現場に複数の要望をしたらどうなるでしょうか？

つまり、KPIを1つに絞らなければ何が起きるでしょうか？

例えば、同時に5つの施策（施策AからE）を要望したら何が起きるのでしょう。

おそらく、現場は独自に取捨選択をします。つまり5つ要望を受けたとしても、そのうち2〜3個しかやらないのです。

残りはやったとしても、完璧《かんぺき》にはやらず、やったフリをします。誰でもそのような行動を取りがちなのです。しかも、やらなかったことを馬鹿正直に

「やらなかった」と報告することはありません。

そのように正直に報告をすると、実際どうかは別にして叱責《しっせき》されるのではないかと懸念するからです。少なくともそのようなケースが多いのです。

現場が5つの要望から2〜3を取捨選択すると何が問題なのかというと、正しく振り返ることができなくなるのです。

例えば、施策Aの結果がうまくいかなかったことを振り返る場合をイメージしてください。現場に対して、施策Aをするように指示をしています。しかし、施策Aは5つの指示のうちの1つに過ぎません。すると現場は施策Aを取捨選択してしまいます。

すると、施策Aがうまくいかなかったことを振り返る際に、施策Aを「実行したけれどうまくいかなかった」場合と施策Aについて「実行しなかったからうまくいかなかった」場合が混在してしまうのです。

このような状況では、施策Aの成果を振り返ることはできません。

逆に施策Aがうまくいったケースでも、現場が取捨選択をしていたならば、同じく正確に振り返ることができません。施策Aを「実行したのでうまくいった」場合と、施策Aを「実行しなくてもうまくいった」場合が混在するからです。

つまり、現場が施策を自由に取捨選択すると、正確に振り返りができなくなるのです。

正確に振り返りができなければ、次のサイクルのPに活用することはできません。そのような状態で計画するのは怖くて仕方ありません。

もちろん、複数の施策を現場に要望したとしても、現場が取捨選択せずに、それらすべてを実行できるのであれば問題ありません。そして、複数の施策を振り返られる組織であれば、複数のKPIを設定しても大丈夫です。

しかし、そのような組織は、例外中の例外だと考えた方が無難です。時々、経営者や管理職の中には、どのような要望、施策であっても対応できると豪語する人がいます。そのような人は例外中の例外です。

そのようなスーパーマンだけのチームはまれにしか存在しません。実際は、やっているかどうかを正確に把握していないだけのケースが大半です。

ちなみに、PDDSサイクルを私は、以下のように和訳しています。

P：Plan　よく考えて
D：Decide　すばやく絞り込んで
D：Do　徹底的に実行して

S：See　きちんと振り返る

いかがでしょうか？

KPIを1つに絞らないリスクについて理解してもらえたでしょうか。しかし、これだけだと、1つに絞って失敗したらどうしようという「不安の壁」は越えられません。

この壁を越えるために、次節で昔話にお付き合いください。

07

PDDSサイクルが1周する期間を把握していますか？

少し私の昔話にお付き合いください。

新たに、ある事業を担当したときに、PDDSサイクルが1周する期間を確認しました。つまり、何らかの施策を行って、それを振り返り、次の施策に活用している期間を確認したのです。

驚くべきことに、年間でPDDSサイクルが回っていたのは2つに過ぎなかったのです。

単純に計算すると当時の私たちの組織は、1年に2つ、つまり半年に1つしかPDDSサイクルを回すことができていなかったのです。

何だかゆっくりした組織に感じます。ただし、正確に表現すると、施策はもっと行っていたのです。ところが、振り返りをしていませんでした。特に結果がよくなかった施策に対して振り返るのを躊躇《ちゅうちょ》していました。

どうしてでしょうか？

それは、**「振り返り」を「犯人探し」と混同していたのです。**つまり、「うまくいかなかったのは、〇〇のせい」と言うと、その人を傷つける、あるいは、そのような指摘をして、その人から嫌われてしまうことを避けていたのです。

当然ですが、結果がよくなかった施策を振り返るのは、犯人捜しをするのが主目的ではありません。なぜ、うまくいかなかったのか。その主原因を見つけて、次回また同じ結果にならないように対策を打つことが目的です。

もちろん、個人が原因であることもあるかもしれません。しかし、実際は特定の個人が原因でないケースが大半です。大きな誤解です。

振り返りを実現させるうまい方法

では、うまくいったことはきちんと振り返っていたのか？

こちらも、振り返りをしていませんでした。結果がうまくいったので、それで満足していたのです。ですので、振り返る必要がないと考えていたのです。

つまり、振り返るという習慣がない組織だったのです。このような組織では、振り返りの習慣作りが欠かせません。どうすればよいのでしょうか？

これは、私が以前在籍していたリクルートマネジメントソリューションズで学んだ方法です。一言でいうと、**施策の承認をする際に、同時に施策の「振り返り」についても確定するのです。**

具体的には、起案者は起案内容に加えて、その施策の「振り返り」を「いつ」「誰が」「何を」「どうやって」実施するのかを併せて起案するのです。

そして、その「振り返り」については、その「いつ」に合わせて、**未来日付の会議**を設定します。そして、同時に関係者に「振り返り」の会議招集を行うのです。

例えば、左図のように施策Aを8月1日から1カ月行う。その施策の振り返りは、施策実施2週間後の9月15日に企画部署の部長から、投資対効果を中心に報告する……といった具合です。

これで、仕組みとして「振り返り」が習慣化されていきます。

過去に起きた事業開発組織における失敗例

私が担当していた、ある事業開発組織は、やる気がある人材が集まっていました。実際、さまざまな施策のトライ・アンド・エラーを繰り返していま

振り返りを習慣化させる仕組み

施策A

実施期間	8月1日から1か月
振り返り会議	9月15日 ←--- 未来日付の会議を設定
起案者	企画部部長
振り返る内容	投資対効果を中心に報告

施策の承認と同時に「振り返り」も確定される

「振り返り」は「犯人捜し」ではない

した。

事業開発を経験したことがある人は、理解できると思いますが、事業開発の初期フェイズは試行錯誤の連続。本当にうまくいきません。何度もめげそうになりそうになります。

最近はＰＩＶＯＴ（ビジネスにおいて事業の「方向変換」「路線変更」のこと。もともとは回転軸という意味で、大事なところは軸として動かさないで、それ以外のところを動かすということ）という便利な言葉が事業開発で共通言語になったのでよいのですが、まさに方向転換の連続です。

「次は成功する」と信じて、何度も何度も施策をやり続けるのは、並大抵の神経ではできません。その意味では、この事業開発組織は、かなりやる気がある人材が集まっていたといえるのです。

しかし、やってはいけないことをしてもいました。

そうなのです。**複数の数値目標を設定していたのです。**

事業開発フェイズでは人数に限りがあります。エネルギーが分散してしまうのです。加えて、現場は複数の施策の中で、やりやすい施策を取捨選択してしまう傾向があります。

こうなると、当然ながら、きちんと施策の振り返りをすることはできなくなります。しかも、施策がうまくいかないので、現場は不安になります。

リーダーは、1日でも早く、成功の糸口を見つけたくなります。すると、検討する施策に白黒をつけることが目的になります。

つまり、たくさんの施策をやることが目的になるのです。成功の糸口を見つけることが施策実施の目的なのですが、施策をすることが目的になってしまいます。

エジソンに学ぶ「振り返り」の重要性

エジソンが白熱電球の中のフィラメントの素材を発見するために数千の素材を実験した話は有名です。その際に、きちんと実験せずに、これはダメだと記録したとしたら、フィラメントは発見されたかどうかは疑わしいものです。

エジソンはきっと、一つ一つうまくいくかどうかをきちんと実験したのだと思います。きちんとダメだったと記録することで、同じ素材で実験をするという愚も避けられたのです。

想像してみてください。

もしもきちんと記録せずに、数千の素材を実験していたら、無駄な実験を何度も何度も繰り返すことになっていたに違いありません。つまり、振り返りをしないということは、かなりまずいことなのです。

振り返りをしない組織には「知恵」が溜まりません。

失敗したことこそ重要な知恵なのです。

08

PDDSは組織を強くする

前節で「1年に2つしか振り返りをしていなかった組織」について触れました。その後、この組織はどうなったのか？

実は、劇的な変化を遂げたのです。

翌年には、毎月1つ程度、つまり年に十数個のPDDSサイクルが回るようになりました。前述のとおり、「施策実施」承認時に「振り返り」まで承認し、会議招集をしました。これにより、振り返りの習慣がつきました。

つまり年に2回しかPDDSを回すことができなかった組織が、年に十数回、つまり5倍以上振り返ることができる組織になったのです。

「見える化」することで、組織知が5倍になったともいえます。

ここでわざわざ「組織知」という言葉を使ったのは意味があります。

うまくいったことも、うまくいかなかったこともPDDSを回し、振り返ることができると、2つのメリットが生まれます。

1つは、うまくいかなかった施策をほかの組織で実施するという無駄なこ

とを避けるメリットがあります。次にうまくいったことを組織に横展開させることで、全体の生産性を向上させるメリットもあるのです。

つまり、PDDSを回すことも重要なのですが、これをさらに横展開できるようになると、組織はもっと強くなっていくのです。

これを**「組織知」**と表現したわけです。

PDDSを回せるようになり、さらにそれを組織知にするための重要な概念があります。それが、TTPS（次のコラム参照）です。

TTPSを組織に導入することで、現場の自律自転が進み、毎週、数個のPDDSが回る組織になったのです。つまり年間100以上のPDDSが回ったということです。

年間2から100以上、つまり50倍以上の生産性を生み出したのです。

コラム

リクルートのお家芸「TTPとTTPS」

私が以前担当していた事業は全国に店舗を構えていました。そして、顧客がどの店に来店されても、あるいは誰が接客担当になっても水準以上のサービスを提供したいと考えていました。

口で言うのは簡単ですが、実現するのは難しいものです。進化を志向せずに一律の方法を全員でやるのであれば可能性はあります。

しかし、常に進化させながら、全国で水準以上のサービスを実現するには、コツが必要でした。ある地域の接客担当が開発した満足度の高いツールや接客方法を、他の地域や店の接客担当が学び、実践できるようになる仕組みが必要なのです。

少し前に流行《はや》った言葉で言うとナレッジマネジメントの仕組みです。

その重要なコンセプトがTTPです。ナレッジマネジメントとは、他者から学ぶということです。「学ぶ」という言葉は、「真似《まね》をする→真似ぶ」からできたと言われています。つまり、他者を真似するということです。

ところが、真似をしろと言われると、人は知らず知らずのうちに拒否反応を持ちやすいことが多いようです。個性的でありたかったり、自分独自のやり方をしたかったりと思う人が多いものです。

徹底的にパクるが勝ち

そこで、登場するのがＴＴＰ。

リクルートは言葉遊びが好きで、言葉やフレーズを略するのが大好きな組織でした。**「初心者や若手は、先輩やハイパフォーマーの仕事をＴＴＰしなさい！」**と言うように使います。そして、しばらくすると**「ＴＴＰＳをしてみなさい！」**とアドバイスを受けます。

ＴＴＰ＝「徹底的にパクる」
ＴＴＰＳ＝「徹底的にパクって進化させる」

言葉にして聞くと、真似をするどころか、「パクる」ですから、もっと下品ですね。ただ、ＴＴＰする、ＴＴＰＳすると言うと、語感や音がかわいくないでしょうか？

若手メンバーにとっては、日報を書く際に、略語なので簡単に書けるのです。心理的な拒否反応が一気に減ります。

ちなみに、ＴＴＰでは、「徹底的」という部分が重要です。単にパクるのではなく、ハイパフォーマーのやり方を徹底的に真似しようということです。

スポーツであればハイパフォーマーのやり方を真似することは称賛されます。ところが、仕事の場面では、往々にしてそうではないことが多いのです。

私が担当していた組織では、このＴＴＰ、ＴＴＰＳという言葉を使うことで、全国の優秀な接客担当の仕事を学ぶのを称賛していました。

「〇〇さんのやり方をＴＴＰしてお客様に喜んでいただけました」というような使い方をするので、ＴＴＰ元へのリスペクトも表現できます。

講演会などで当時の仕事を披露することがあるのですが、この言葉（ＴＴＰＳ）は、その後いろいろなところで使ってもらえているようです。

小さな拠点がアイデアを生み続けるＴＴＰＳ実践事例

私が担当した全国組織の話です。

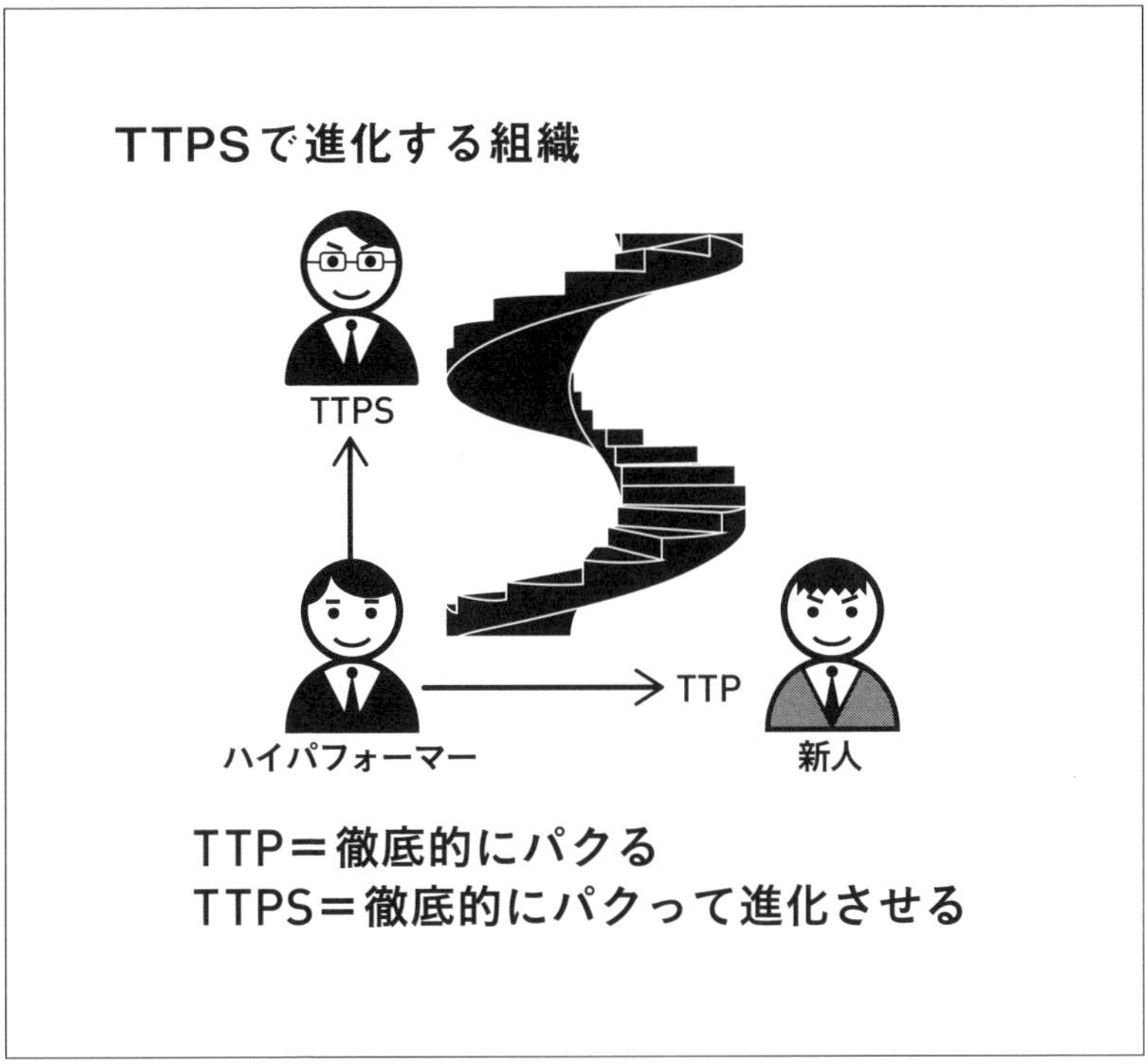

当時、唯一の九州の店、福岡天神店がありました。ＴＴＰ（徹底的にパクル）は、アイデアを出す側（ＴＴＰ元）とそのアイデアをパクる側（ＴＴＰ先）があります。

福岡天神店のように人数が少ない拠点は、どうしてもアイデアを出す側ではなく、アイデアをパクる側になりがちです。特にこの組織の本部機能が東京にあるので、スタッフも東京にいます。どうしても情報やデータなどは東京の方が多くなりがちです。

一般的に、アイデアは、人数が多い方が出やすくなります。

これらの観点から考えると、福岡天神店は東京から遠く、人数も少ないので、メンバーの能力に関係なく、アイデアを発信する側にはなりにくいといえるでしょう。

ところが、それを彼らは、逆転の発想でアイデアを出す側になり、アイデアを生み続ける側に変身しました。

そのやり方を説明しましょう。

彼らは、他の店のアイデアをＴＴＰし、それをベースにＴＴＰＳする組織だと自分たちの店を位置づけました。つまり、他店が全体に共有したアイデアの中でよいものを選び、それをいち早くＴＴＰ（徹底的にパクる）し、さらに進化（ＴＴＰＳ）させる店だと位置づけたのです。

具体的な流れを見てみましょう。

毎週金曜日に全国の店長が、テレビ会議システムを活用して定例会議を実施します。ここで、毎週各店の取り組みが報告されます。

福岡天神店では、会議に参加しながら、他店で報告されている取り組みの中でＴＴＰするものを選びます。そして、その週末の土曜・日曜の接客で、それを実践します。

さらに、月曜日、火曜日の休日を挟んで水曜から金曜の平日の間にさらに改良を加えて（つまりＴＴＰＳし）、さらに顧客満足度が向上する方法を試行錯誤します。

そして、わずか1週間から2週間で、他店のナレッジをさらに進化させたものを金曜日の店長会議で報告してくれるわけです。

福岡天神店は、自組織を「他店のアイデアを改良する店」であると位置づけたわけです。

これには、他の店も私自身もびっくりしました。

TTP先のみであった福岡天神店がTTP元に変わったのです。店舗の規模が小さいので、当然従業員数も少ないので、意思決定も容易です。一見ハンデに思いがちなことを強みに生かしているイケている事例です。

第 3 章

KPIマネジメントを実践する前に知っておいてほしい3つのこと

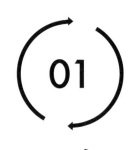

01

会社の方向性を「構造」と「水準」でつかむ

私は何か物事を考える際に、「構造」と「水準」に分解して理解する習慣があります。

「構造」とは全体像、メカニズムがどうなっているのかを明らかにすることです。そして、「水準」とは、それがどの程度なのか、つまり数値で把握するということです。

ＫＰＩを考える際にも、この考え方が有効です。

ＫＧＩを確認し、現状とのギャップを確認し、そのギャップを克服するための最重要プロセスであるＣＳＦを見極め、それを定量目標にしたものがＫＰＩです。

つまり、ＫＰＩを設定するにはＫＧＩの確認が出発点になります。

ＫＧＩはゴールを数値化したものです。このゴールとＫＧＩが何なのかが間違っていると、当然、その後のＫＰＩ設定プロセスは意味がありません。

あなたが経営者であれば、ご自身で、あるいは周囲の経営陣やスタッフと一緒にゴールとKGIを設定できます。しかし、大半の方は、その決定プロセスには関与していません。つまり、ゴールとKGIは所与の（事前に与えられた）情報なのです。

その情報を確認する必要があります。会社の方向がどちらに向いているのか。そして、それはどの程度なのかということです。

この情報は、経営者の年頭所感や事業戦略をまとめた資料にあります。

会社の向かうべき方向を示す情報源

年頭所感の話をすると、一部の方は「当社の年頭所感には、たいしたことは書かれていない」と話されます。しかし、その方々に「今年の年頭所感に書かれていた、その『たいしたことない』内容を教えてほしい」と質問すると、たいていの方は回答できないのです。

実は読んでいないのです。正確に表現すると、一度は読んだことがあったのですが、つまらなかったので、読まなくなってしまったのです。あるいは、周囲の先輩方から読む意味がないという言葉を真に受けてしまったのです。

これはもったいない話です。

年頭所感は、時候の挨拶《あいさつ》や経済環境の変化などに触れた後に、自社の状況や今後の方針が書かれているというのが典型的なフォーマットです。私自身も経営者や事業責任者として、一生懸命、文章を考えました。

その年頭所感からキーワードを抜き出してみましょう。

経営者が伝えたい言葉があるはずです。

それが、今期の最も「重要な言葉」たちなのです。自組織のＫＰＩを考える際に、これを意識せずに作成するのはありえません。

ただし、年頭所感は、外部向けの言葉でもあります。もしも、あなたが**今期の事業戦略や事業方針の資料**を入手できるのであれば、その内容確認をしてください。そこには、間違いなく、担当事業のゴールやＫＧＩが明記されています。

そして、それをどのように達成するのかというい くつかの事業戦略が記載されているはずです。これらは、その後のＣＳＦの絞り込みや、ＫＰＩの設定に役立ちます。

繰り返しになりますが、すでに決まっている方針、戦略、戦術をゼロから考えたり、類推することはせずに、年頭所感や事業戦略資料などを入手し、確認することが先決です。

02

ゴーイングコンサーンを実現させるKGI

KPIを設定するには、KGIを確認し、現状とのギャップを確認し、そのギャップを克服するための最重要プロセスであるCSFを見極めます。それを定量目標にしたものがKPIです。

年頭所感や事業戦略資料でKGIを確認できるケースもありますが、残念ながらよく分からないケースもあります。

そこで、まずはKGIが何かを考える際に、私がいつもKPI講義で説明している話を披露しましょう。

「KGIの本質とは何か」という話です。

ビジネスを継続し続けるためにやるべきこと

ゴーイングコンサーン（Going Concern）という言葉を聞いたことがありますか。いろいろな訳があります。

単純に訳すと「繁盛している店や事業」のことを指します。定義的な説明をすると**「無期限に事業を継続し、廃業や事業整理などをしないことを前提にする考え方」**となります。つまり、事業をずっと続くように運営しなさいということです。

ＫＰＩの講義では、私はこの話をします。

私たちがビジネスを開始します。その商品やサービスをお客様が購入、利用してくださいます。商品やサービスがよいものであれば、私たちには責任が生じます。

どのような責任なのか。

使ってくださるお客様に対して、商品やサービスを継続利用していただける状態をつくり続ける責任です。例えば、困ったことがあれば相談に乗り、故障したら修理をすることです。アフターサービスをする責任です。

そして、お客様のニーズを実現する新商品やサービスをつくり続けることが必要です。新製品などの商品開発をし続ける責任です。

私たちがビジネスを始めて、お客様に利用いただくというのは、こういうことなのです。売れれば後は知らないというのでは、話になりません。

ずっと、継続的に商品、サービスを改善し続ける責任があるのです。

そのためには、現在の組織を改善、強化し、お客様のニーズを確認し、新商品、サービス開発のための投資も必要です。それもこの瞬間だけではありません。継続的に、これらのことを実行し続けないといけないのです。

そのためには、継続的に投資をし続ける必要があります。その原資として利益を出し続ける必要があります。それも継続的に利益を出し続ける必要があります。

一時的に利益を出して、そのときには投資できるけれど、そうでないときは仕方がないというのでは、お客様は困ってしまいます。ですので、一時的な利益ではなく、継続的に利益を上げ続ける必要があります。

つまり、KGIは究極的には利益なのです。

それも継続的に利益を上げ続けることがKGIの本質です。

継続的ということですので、短期も中期も利益を出さなければいけません。短期、つまり今期の利益を出しながら、中期の準備、投資をしなければいけないのです。

そうでなければ、ゴーイングコンサーンは実現できません。

もちろん、フェイズによって例外はあります。

例外の一例としては、事業の立ち上げのタイミングがあります。新規事業は赤字からスタートするのが大半です。その際に目先の利益のみを取りにいくのは、意味がないケースがあります。

それよりも市場ニーズを把握するために、ある単価以上で取引する顧客ニーズを把握することの優先順位が高いこともあるかもしれません。

あるいは赤字の事業を立て直す際もそうかもしれません。利益ではなく、赤字幅を小さくすることの優先順位が高いタイミングもあるかもしれません。

当然ですが、すべてのことに当てはまる理屈は存在しません。

しかし、企業はゴーイングコンサーンを前提に考えるべきであり、その観点から考えると、会社全体のＫＧＩは利益であるということは心に留めておいてください。

KGIの本質とは？

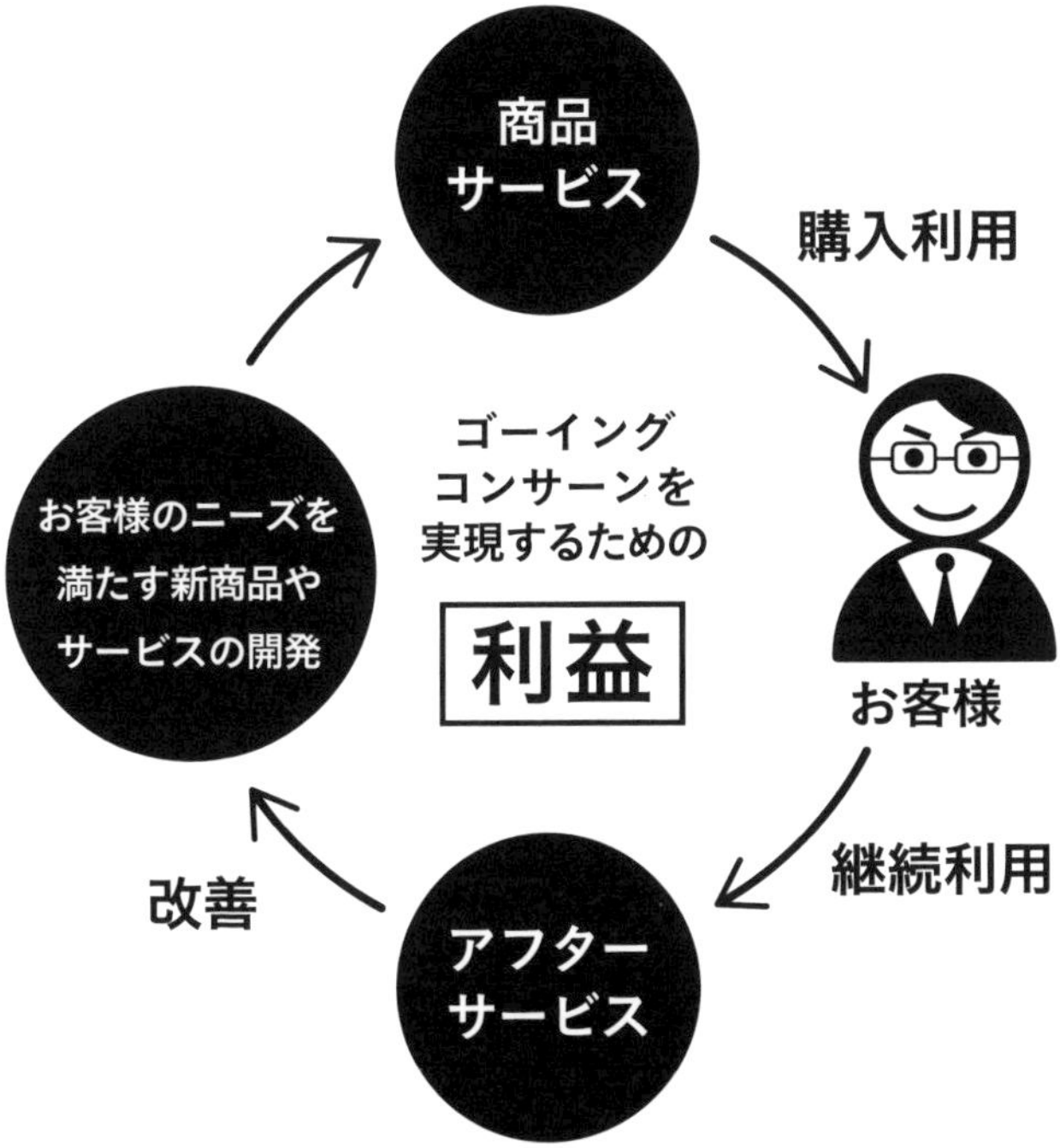

KGI の本質

継続的に利益を上げ続けること

03

利益を最大化させるための基本的な考え方

ＫＧＩは利益だという話をしました。

では利益について考えてみましょう。

一度触れましたが、**利益＝売上－費用**という式で表すことができます。

利益を上げるには、売上を上げるか、費用を下げるか、またはその両方ができればよいことになります。つまり、「利益増＝売上増－費用減」と表現できます。ということは考えるべきは３つになります。

①どうやって売上を上げるのか
②どうやって費用を下げるのか
③売上と費用に相互影響がある項目をどうやってコントロールするのか

①と②はイメージがつくかもしれません。ところがたいていの課題は③なのです。

利益を上げるためにすべきこと

利益↑＝売上↑−費用↓

売上＝顧客数×平均単価
費用＝原価＋販売管理費
（＝人件費＋販促費＋広告宣伝費＋営業費用
＋オフィス関連費＋減価償却費＋ほか）

この前提で利益を最大にする式は…

利益↑＝ 顧客数↑×平均単価↑−｛原価↓＋販売管理費↓
（＝人件費↓＋販促費↓＋広告宣伝費↓＋営業費用↓
＋オフィス関連費↓＋減価償却費↓＋ほか↓）｝

利益を上げるには、↑を増加させ、↓を減少させればよいのです。
しかし、これらは相互に影響があります。
（例えば顧客数↑と人件費↓、販促費↓、広告宣伝費↓、営業費用↓など）

簡単な数式で説明してみましょう。

上の図をご覧ください。

つまり、「↑」がついている項目は増加させ、「↓」がついている項目は減少させればよいわけです。一見簡単に思えます。ここで登場するのが、「③売上と費用に相互影響がある項目をどうやってコントロールするのか」です。

つまり、↑項目と↓項目は独立していなくて、相互に影響しあうのです。

例えば、顧客数を増やすには広告宣伝を強化する、営業量を増加する、営業提案力を強化するなど、いくつかの戦術が考えられます。

しかし、どれも費用が増える方向

に影響するのです。

例えば、広告宣伝を強化するには、広告宣伝費が増加します。営業量を増やすには、営業の人件費が増加します。営業提案力を強化するには、教育研修費用が増加します。

つまり売上を増やすには、費用の増加が必要なのです。当たり前の話です。ところが、この当たり前を忘れて、売上を上げるためには何をしてもよい、あるいは、費用を削減するためには何をしてもよいとばかりに、「①どうやって売上を上げるのか」「②どうやって費用を下げるのか」だけを独立かつ盲目的に追いかけることがあります。

売上と費用に相互影響がある項目をコントロールする方法

そこで、「③売上と費用に相互影響がある項目をどうやってコントロールするのか」が重要になってきます。

すべての項目を変数にして考えるのには限界があります。しかも、そのコントロールを毎回、毎回、その都度検討していては判断スピードが遅れてしまいます。

では、どうすればよいのか。

一言で言うと「定数」にすればよいのです。

例えば、先ほどの例の、「顧客数を増やすには、広告宣伝を強化する」ケースであれば、1顧客増加のための平均広告宣伝費を決めてしまいます。例えば1顧客増加のために1万円まで使用してよいと決めます。

あるいは、「営業量を増やすには、営業の人件費が増加する」ケースでも、1営業量を増やすための平均コストを決めればよいのです。教育研修費用の事例も同じです。

実は、無自覚的に、平均や上限を決めながら事業運営をしているのが普通です。人件費の中で残業代や休日出勤の割増賃金などが典型的です。

それを**事業戦略、戦術に関係が小さい項目を定数にしてしまうのです。**

これにより、KPIマネジメントのレベルが一気に向上します（この定数にするのも、それぞれの組織にとってはある意味ノウハウともいえるでしょう）。

売上と費用で相互に影響しあう項目は「定数」にしてコントロールする

顧客数を増やす目的で広告宣伝を強化するケース

⇓

1顧客増加のために1万円の広告宣伝費

利益↑＝顧客数↑×平均単価↑－{原価↓＋販売管理費↓(＝人件費↓＋販促費↓＋広告宣伝費↓[※1]＋営業費用↓＋オフィス関連費↓＋減価償却費↓＋ほか↓)}

(※1)…1顧客につき1万円の広告宣伝費

営業量を増やすために営業の人件費が増加するケース

⇓

1営業量を増やすための平均コストを決める

利益↑＝顧客数↑×平均単価↑－{原価↓＋販売管理費↓(＝人件費↓[※2]＋販促費↓＋広告宣伝費↓＋営業費用↓＋オフィス関連費↓＋減価償却費↓＋ほか↓)}

(※2)…平均コストを決める

売上と費用に相互影響がある項目を「定数」にすることでKPIマネジメントのレベルが一気に向上する！

第 4 章

さまざまなケースから学ぶ KPI事例集

01

事例 1

特定の営業活動を強化することで業績向上を目指す

それでは、みなさんが自分でKPIを作成するための参考になる事例を見てみましょう。

まずは、売上を拡大したい場合です。

年頭所感や事業戦略資料を読むと、その方向性が書かれています。

例えば、顧客数を増やす、1ユーザあたりの売上を増加させる、特定の商品を拡販する、特定のユーザを強化する、特定のエリアを強化する、特定の営業ステップを強化する……などです。

営業プロセスを分解して売上向上策を練る

営業組織での事例を考えてみることにしましょう。

まず、営業活動をプロセスで分解してみます。営業プロセスに分解し、図式化すると視覚的にも理解しやすくなります。

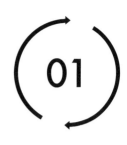

営業プロセスを分解する

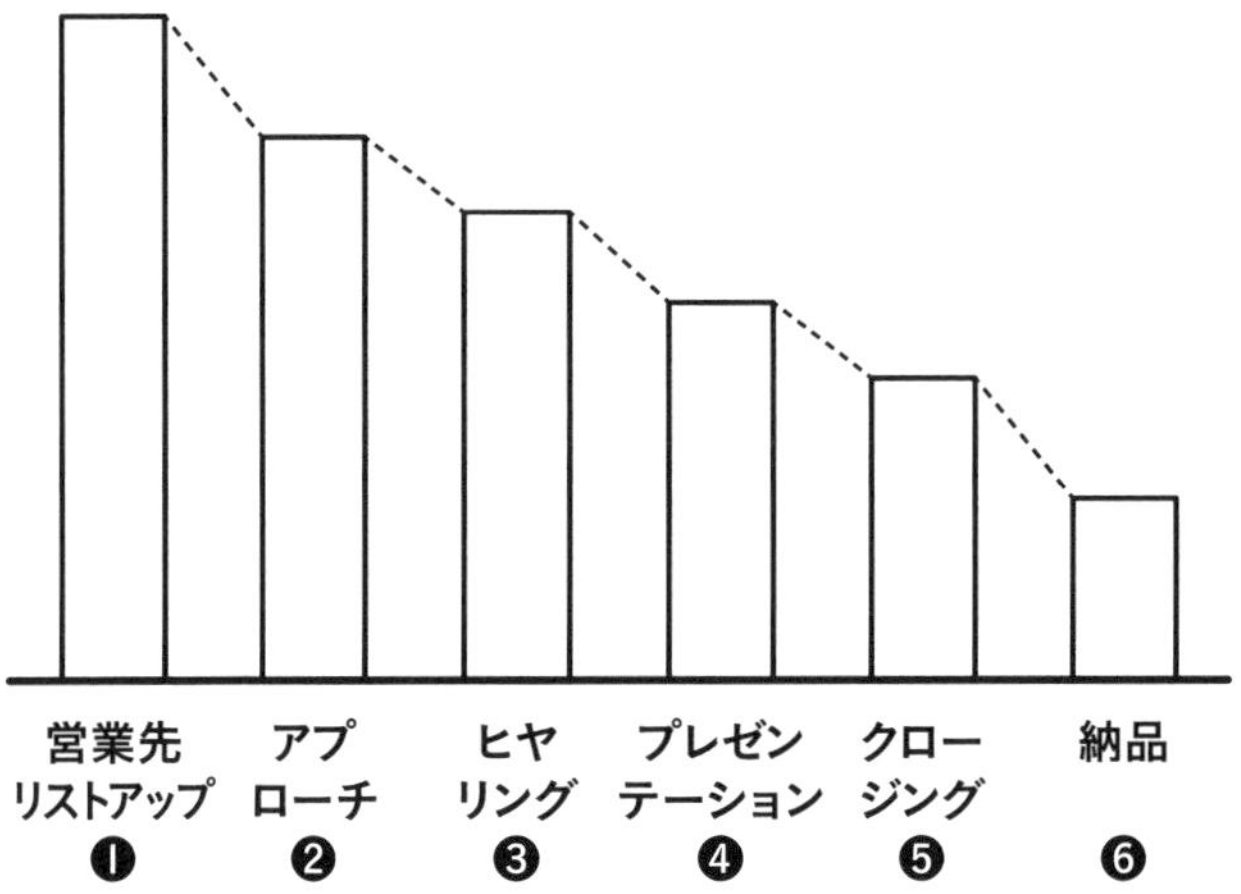

主な営業プロセスは、❶営業先リストアップ→❷アプローチ→❸ヒヤリング→❹プレゼンテーション→❺クロージング→❻納品の6つとなります。

上の図のように、左から右に棒グラフの高さが低くなっていきます。

これは、例えば営業先を100リストアップ（❶）した場合に、次のステップのアプローチ（❷）では、取捨選択がなされ、例えば90営業アプローチすることを表しています。

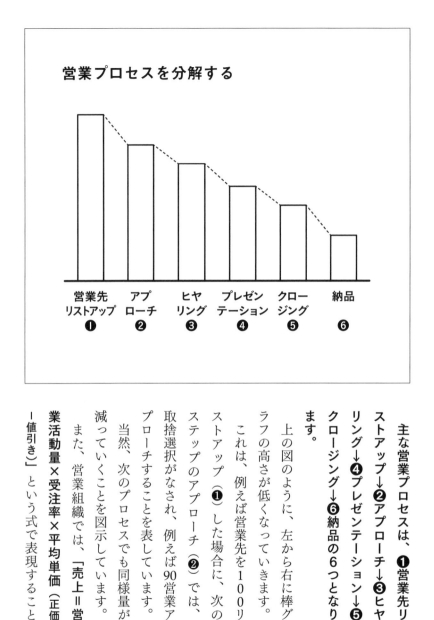

当然、次のプロセスでも同様量が減っていくことを図示しています。

また、営業組織では、**「売上＝営業活動量×受注率×平均単価（正価ー値引き）」**という式で表現することができます。

ですので、売上を向上させるための選択肢は次の3つです。

A 営業活動量を増やす
B 受注率を向上させる
C 平均単価を上げる

「A 営業活動量を増やす」には、❶営業先リストアップ、❷アプローチ、❸ヒヤリング、❹プレゼンテーションなどの行動量を増やすことが必要です。

受注率を上げるためには、❶から❹の営業活動から❺クロージングへの歩留まりを高める必要があります。

平均単価を上げるためには、最後の❺クロージングのプロセスで契約する売上額を向上させることが必要です。

営業活動量を増やす方法

具体的な方法について考えてみましょう。

売上を向上させるための3つの選択肢

売上＝営業活動量×受注率×平均単価（正価-値引き）

営業活動量 → A　受注率 → B　平均単価 → C

A…営業活動量を増やす
B…受注率を向上させる
C…平均単価を上げる

まず、**Aの営業活動量を増加させる方法**を考えてみます。

仮に❷アプローチ量を1・2倍に増やすことができて、残りのBの受注率とCの平均単価を維持することができれば、売上は1・2倍になるということです。

一般的に、営業の行動量を増やすには、営業工数（時間）を増やすことが必要です。現在の営業担当に頑張ってもらい1・2倍活動してもらうというのは、あまりに都合がよすぎます。

実際の選択肢としては、新規に採用を行う、あるいは営業代行会社にアウトソーシングするなどが考えられます。当然ながら、これらを実行するには、タイムラグが発生します。採用を行った後やアウトソーシング先の教育などが必要です。当然新たなコストも必要になります。

あるいは現在の営業活動、非営業活動（会議や資料作成など）のムダを見直して工数を生み出すことがポイントです。

受注率を向上させる方法

次に、**Bの受注率を向上させる方法**を考えてみます。

受注率は、例えば**「❺クロージング÷❷アプローチ」**という分数で表現されます。ですので、❺クロージング量を増やすか、❷アプローチ量を減らすかという選択肢があります。

❺クロージング量を増やすには、❸ヒヤリングを強化し、❹プレゼンテーション時の企画提案内容を向上させることなどが想定できます。あるいは、❹プレゼンテーション時に顧客に分かりやすく価値がある商品を提案することでも実現できます。

また、❷アプローチ量を減らすには、❶営業先リストアップの品質を向上させることで実現できます。

具体的な施策（例）

A　営業活動量を増やす
アプローチ量（営業プロセス❷）を1.2倍にする
⇒新規採用、アウトソーシングなど、
新たなコストが伴う！

B　受注率を向上させる

$$受注率=\frac{クロージング量（営業プロセス❺）⇒増やす}{アプローチ量（営業プロセス❷）⇒減らす}$$

C　平均単価を上げる
値引き改善、高額商品など

どれも選択できるのですが、現場のリアリティがあるかどうかが重要です。

例えば、商品自体を変更できないのであれば、「❹プレゼンテーション時に顧客に分かりやすく価値がある商品を提案すること」を選択できないわけです。

平均単価を上げる方法

最後に**Cの平均単価**（正価－値引き）**を上げる方法**を見てみましょう。

平均単価を上げるためには、値引きを改善する、複数商品の販売をする、高額商品を販売するなどが考えられます。

営業現場でむやみに値引きをする習慣があれば、それを改善するだけで、その分、売上が増加します。しかも、値引き改善した額は、そのまま利益増加に直結しますので、インパクトが大きいのです。

ABCすべての数値を向上させるのは非現実的

3種類の方法を書きましたが、今回のように売上を掛け算として表現する場合、3つの要素とも変数と考えて、それぞれアップさせることを考えがちです。

しかし、3つとも数値を向上させるのは、実際はかなり困難です。 私が引き継いだ事業で、この3つを少しずつ改善する計画を立てて、大コケしたことがありました。どこにフォーカスするのかを決めなければいけません。

私が営業組織を担当していたときに実際に選択したのは、受注率を上げるというものです。私は基本的にここから手を打ちます。

各論でいうと、プレゼンテーションをCSFと設定して、プレゼンテーション額をKPIに設定しました。 プレゼンテーションの額をKPIに設定することでなぜ、受注率が改善するのか分かりにくいかもしれません。

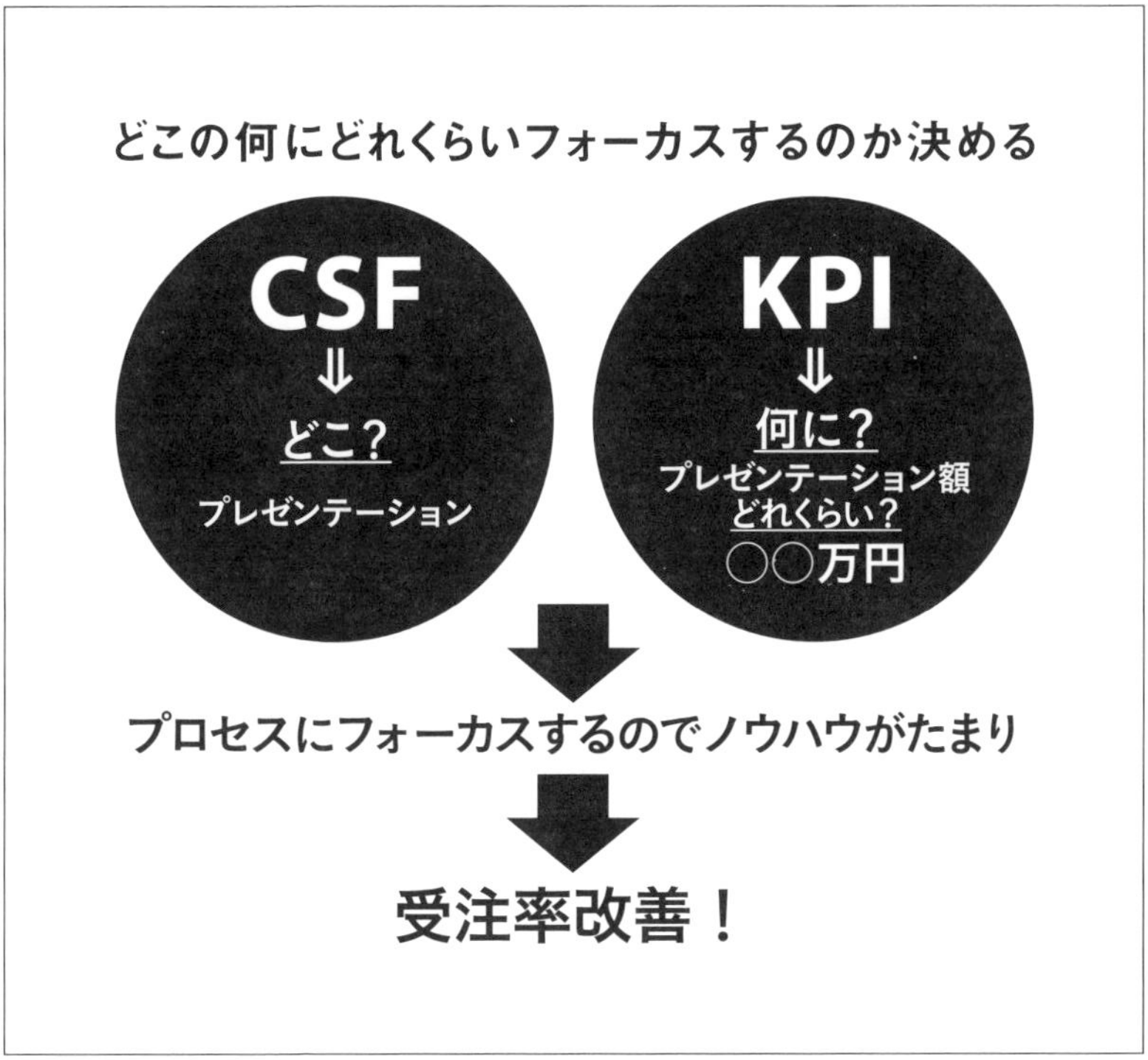

これは、次のような考え方に基づいています。

営業担当の過去のプレゼンテーション額と実際の受注額のデータを収集します。

例えば100万円のプレゼンテーションをして、50万円の受注になっていたとすると、プレゼンテーション額に対して50%の受注ができたことになります。

このデータから、目標額の2倍のプレゼンテーション額が必要だと仮定できます。

例えば目標が200万円ならば、プレゼンテーション額は400万円必要になるということです。

営業担当は、顧客のリストを眺め

て、どこにいくらプレゼンテーションするのかを検討し、400万円になるように設計します。

そして実際に、顧客にプレゼンテーションを行ったら、その金額を加算していくわけです。

ただ、そのプレゼンテーション額は顧客が検討している額でないと意味がありません。**営業担当の申告数字でよいのですが、その際に、簡単なカードを準備して、顧客に検討している額とサインを自筆で記入してもらうようにしました。**

この小さな工夫が受注率アップに貢献します。理由は2つです。

まず、(私もそうでしたが) 営業担当は楽観的に物事を見がちです。つまり、顧客が検討している額より大きく見がちなのです。顧客に検討額を記入いただくことで、そのずれを防げます。

そして、もう一つは、顧客にサインをもらうことで、発注確度が高まるのです。人間は、一度サインすると、それをそのまま進めたくなります。申込書や契約書ではない、ただのカードなのですが、それでも効果があります。

つまり、もともと営業設計時は50%の歩留まりだったものが、顧客に検討額とサインをもらうだけで受注率が向上するのです。

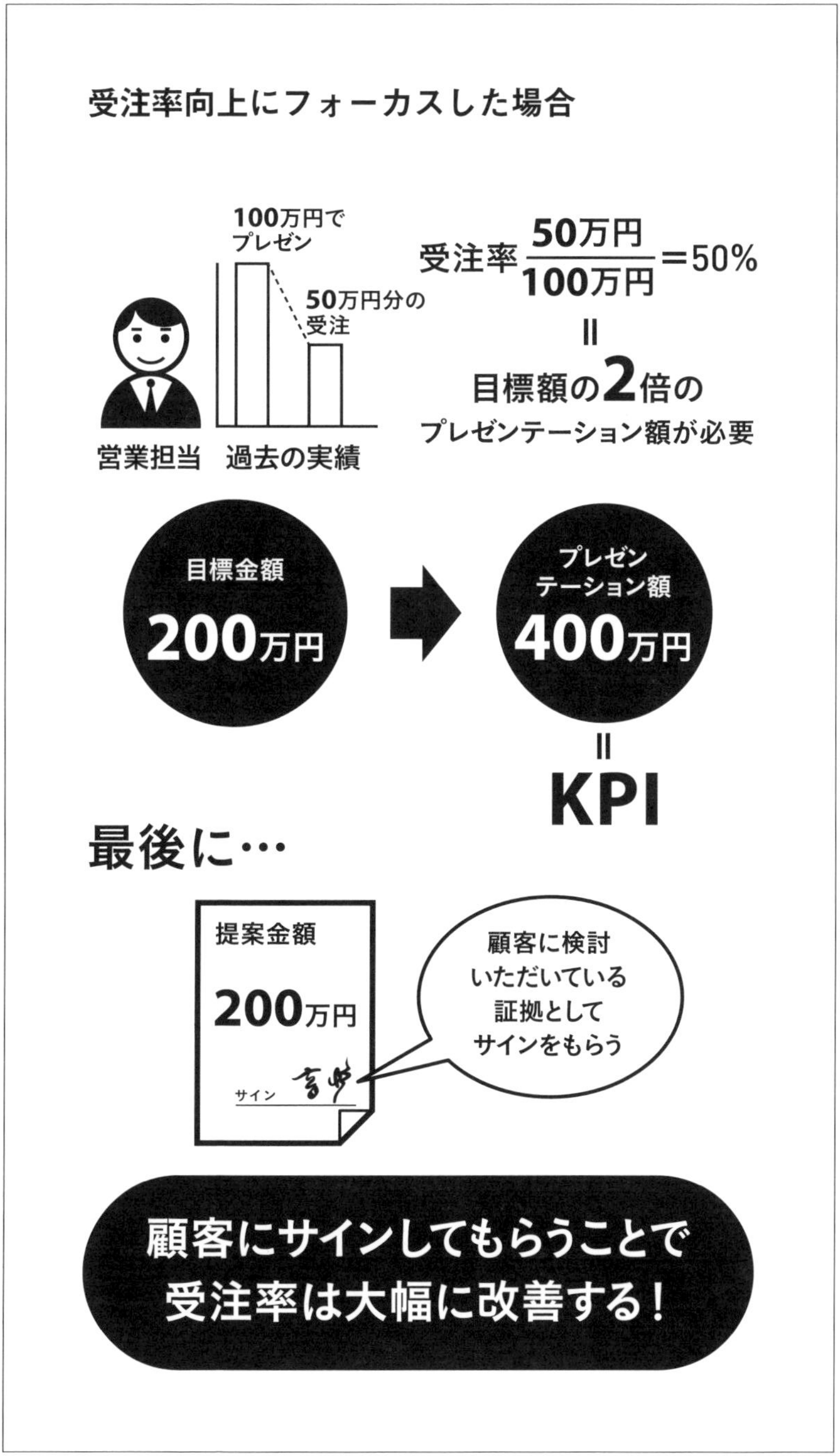
受注率向上にフォーカスした場合
100万円で
プレゼン
50万円分の
受注
営業担当
過去の実績
受注率 50万円/100万円 =50%
目標額の2倍の
プレゼンテーション額が必要
目標金額
200万円
プレゼンテーション額
400万円
KPI
最後に…
提案金額
200万円
サイン
顧客に検討
いただいている
証拠として
サインをもらう
顧客にサインしてもらうことで
受注率は大幅に改善する！

営業量を増やしたいときは時間短縮が効果的

受注率が向上できたら、営業量を増加させる次のステップに進みます。その際に効果的なのが「時間」を測定することです。

営業活動は、❶営業先リストアップ、❷アプローチ、❸ヒヤリング、❹プレゼンテーション、❺クロージング、❻納品の6ステップで表現できますが、ここでいう「時間」とは、1つのステップから次のステップまでにかかる時間のことを指します。まず、これを測定します。

そして、❶営業先リストアップや❷アプローチから❺クロージングや❻納品までの期間を短縮できないか検討を行うのです。

この「時間」を短縮できると営業量を増加させることができます。

例えばこの営業プロセスに1カ月かかっていたとすると、1年間で12プロセス回せることになります。もしも、営業プロセスを半月に短縮することができれば、1年間で倍の24プロセス回せることになります。

つまり、プロセス間の時間を短縮することで営業行動量が2倍になったわけです。

営業プロセスを短縮する3つの方法

プロセスの短縮には次の3つの方法があります。

（1）プロセスの省略
（2）プロセスの標準化
（3）業務の分担

プロセスの省略とは例えば、❷アプローチと❸ヒヤリングを同時に行い、2つのプロセスを1つのプロセスにすることです。

1度目の訪問時で顧客ニーズを抜けや漏れなくヒヤリングをするためのニーズヒヤリングツールを整備することで、これを実現できます。

プロセスの標準化とは、それぞれのプロセスで行うことを標準化し、営業ツールや営業トークを整備することです。

例えば、ある営業組織では、営業未経験者が大半でした。1度にアポイント、プレゼンテーションを行うのではなく、1度目はアポイントを取るだけ、

2度目の訪問時にプレゼンテーションを行うようにしました。この場合、1度目の訪問は3分で次回のアポイント設定を行うことだけにフォーカスします。そして業務を標準化するためにツールを準備するわけです。

業務の分担とは、❶営業先リストアップを営業以外の職種が実施する、❷アプローチをコールセンターが担い、集中的に実施するなどがありえます。

私が担当していた組織では、❸ヒヤリングを行い、後日、❹プレゼンテーションを実施するというプロセスが標準でした。プレゼンテーションのための資料を❸ヒヤリング実施日と❹プレゼンテーション日の間に準備をします。

ところが、忙しくなると、ついついこの期間を長めにとるようになっていました。この期間が長くなると、せっかく盛り上がった顧客の気持ちが冷めてしまい、受注率が下がり、ひどいときはプレゼンテーションのアポイント自体が流れてしまうこともあったのです。

そこで、プロセスを変更し、ヒヤリングを行うと同時にプレゼンテーションを行うフローに変更したのです。

現場からは当初大きな抵抗がありました。しかし、標準フローを整備し、前述のようにツールとトークを整備し、現場が使いこなせるようにロールプレイングなども実施しました。

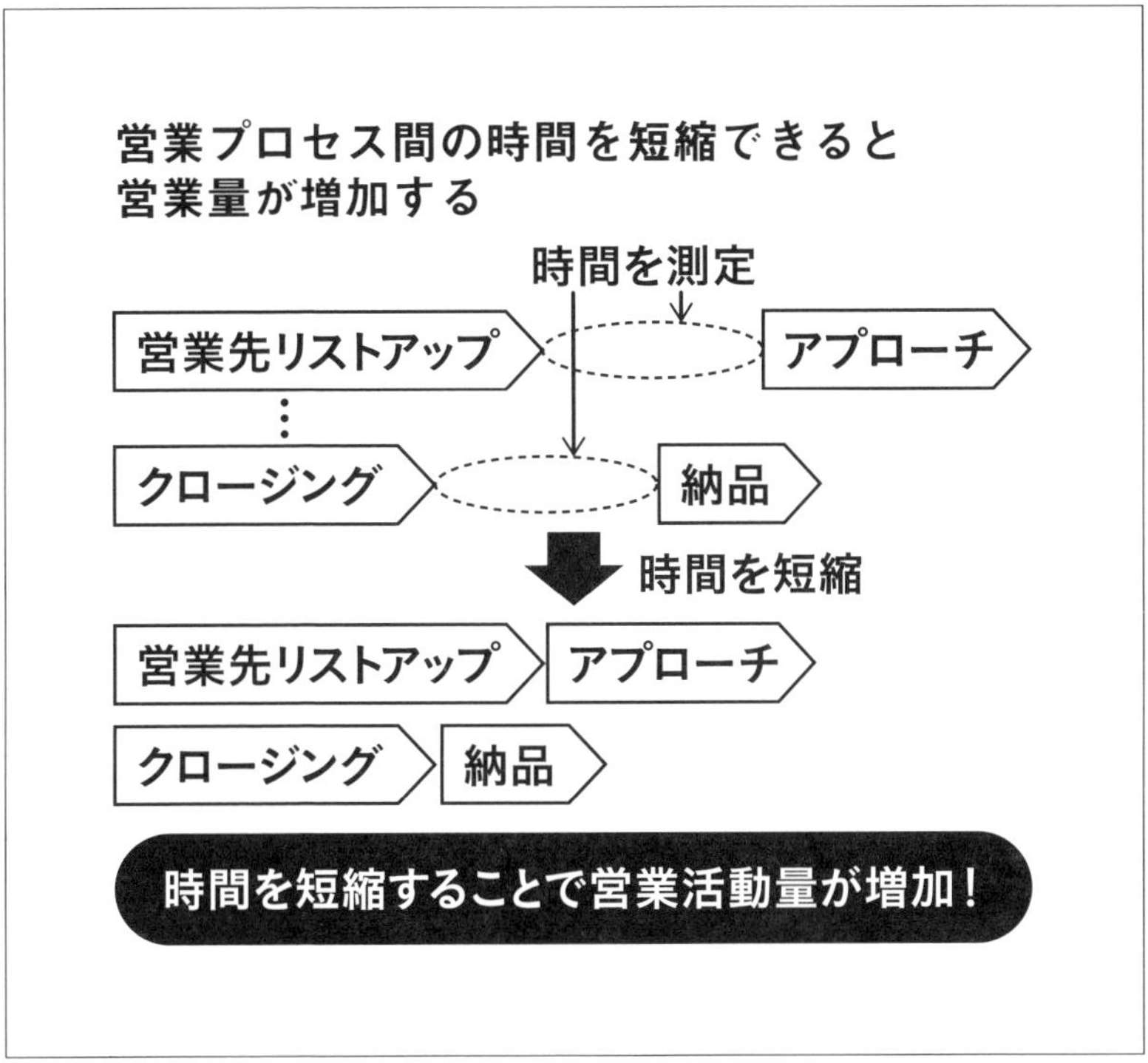

結果、プロセスが短くなり、2倍以上の顧客対応ができるようになりました。すでに受注率を上げていたこともあり、業績に大きなインパクトを与えることができました。

しかも、顧客の気持ちが高まっているタイミングにプレゼンテーションを実施できたので、期せずして受注率を微増することにも成功しました。

その後、プロセスを標準化できたので、それをシステム化し、営業活動を支援することにしました。結果、若手などの営業経験が短い営業担当でも営業活動量の向上に成功することができました。

ここで重要なポイントは、受注率

を上げてから、営業活動量を向上させるという順番です。

すでに受注率が向上しているので、その後、営業活動量を増加しても、高い歩留まり率で受注できます。

間違っても、逆の順番ではしないことです。

02

事例 2

エリアにフォーカスすることで業績を拡大する

売上をエリアごとに分割して考えるケースがあります。

売上＝エリアA＋エリアB＋エリアC＋……というイメージです。

例えば、個人向けのサービスで、個人にリーチさせる場合、個人の「生活圏」ごとに特徴を場合分けすることがあります。

生活圏については、個人の生活動線ごとに、おもに2つのエリアを考える必要があります。個人が住んでいる「住居エリア」と、企業や学校に通っている「就業や就学エリア」の2つです。

個人に効率的に情報を提供するためには、この2つを意識することが必要です。1つは、住居にいる個人にどうやって情報を提供するのか。もう1つは、通勤・通学する個人に対してどうやって情報提供するのかということです。

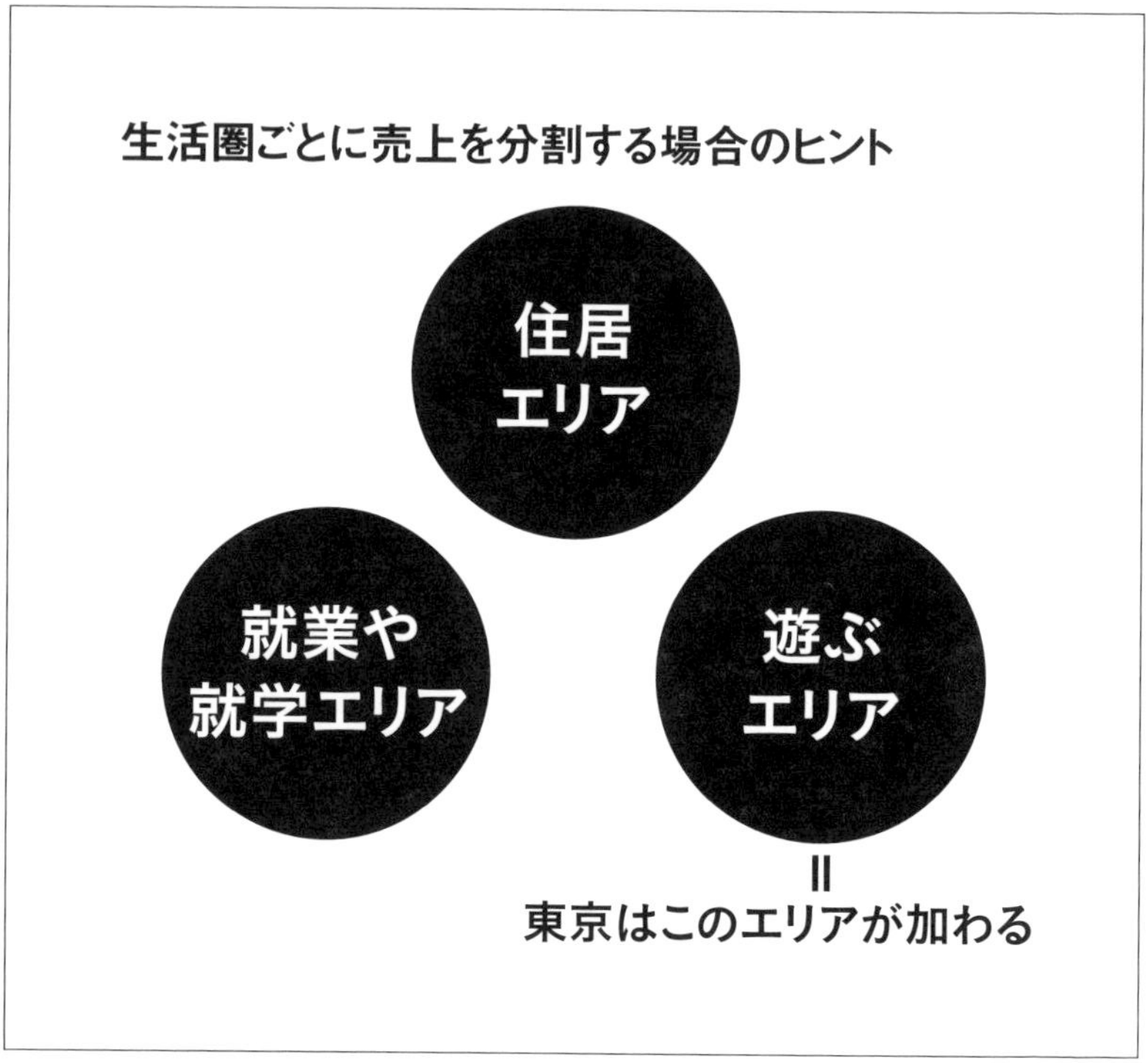

都市部の生活圏には特殊事情がある

日常的には、個人は生活圏の中で過ごしています。一般的に1つの県には複数の生活圏が存在し、1〜3の生活圏があります。

ところが、東京は人口が多く、10個以上の生活圏が存在します。しかも、東京の個人は日常的に、生活圏を飛び越えるのです。

具体的には、住居エリア、就業・就学エリアに加えて第3、第4の場所がある個人が多いのです。

それは、**遊ぶエリア**です。

いわゆる渋谷や新宿や銀座といった大都市が集積しているので、このような事が起こるのです。

つまり東京は、他都市とはまったく異なります。個人の行動特性も異なりますし、売上規模も段違いなのです。

自社の戦略を検討する本社は東京にあることが多く、その視点から地方を考えると、事業規模も小さく、あまり魅力的には見えません。これは、売上規模の大きな既存事業から売上規模の小さい新規事業を検討する際や、高収益の日本の事業から低収益の外国の事業を見ているのに似ています。

顧客群を狭く絞ったマーケティング手法

このような場合、東京、大阪、名古屋といった大都市圏とそれ以外を分割して考えるとよいケースがあります。大都市圏以外については、商品企画、エリア、顧客群を狭く絞ってビジネス展開をして、うまくいくことがあるのです。

現在は存在しませんが、かつてのリクルートには「狭域ビジネス」と呼ぶビジネスがありました。主要駅からの距離で商圏を決め、業種を絞り、提供するサービス企画を固定化しました。

例えば主要駅から300メートル圏内の居酒屋に対して、5回連続2分の1ページの企画にフォーカスして拡販するといった試みです。

そして**全体の広告の中での比率をKPIに設定**していました。

これにより、条件を絞っているので、類似の事例が収集でき、営業担当同士のナレッジマネジメントが回転しやすくなるのです。

詳しくは、平尾勇司・著『Hot Pepperミラクル・ストーリー――リクルート式「楽しい事業」のつくり方』という書籍に詳しく紹介されていますので、興味がある方は読んでみてください。

この本は、事業運営のコツからKPI作成のポイントまでうまくまとまっている本です。お勧めです。

私は、ホットペッパーが属していた「狭域ビジネス」を監査する仕事をしていた時代があり、このビジネスのメカニズムを研究し、その後、自事業の分析や初期のKPI講座のコンテンツ作成の参考にしていました。

03

事例3

商品特性から特定ユーザ数をKPIに設定する

商品特性から、ユーザ群あるいはユーザ別に売上を分解して考えるとよいケースがあります。

売上＝ユーザA＋ユーザB＋ユーザC＋……と表現できます。

売上が多い順に並べ換えて、累計顧客数と累計売上の折れ線グラフを作ります。すると売上上位ユーザ数X％に対して、全売上に対する売上上位ユーザの累計売上が何％になるのかが分かります。

一つの目安として売上上位20％のユーザ数が、売上の80％以上を占めている場合、特定ユーザの営業活動を強化するかどうかの分析が有効です。

一般的に**パレートの法則**と呼ばれるものです。

さらに集中して、**数％のユーザ数で50％以上の売上だとすると確実に分析が必要です。**

まず、売上上位顧客の特性に共通点がないかを把握します。例えば特定業界、特定エリア、特定企業規模（売上や利益あるいは従業員数）などです。

取引額順にユーザを分析してみる

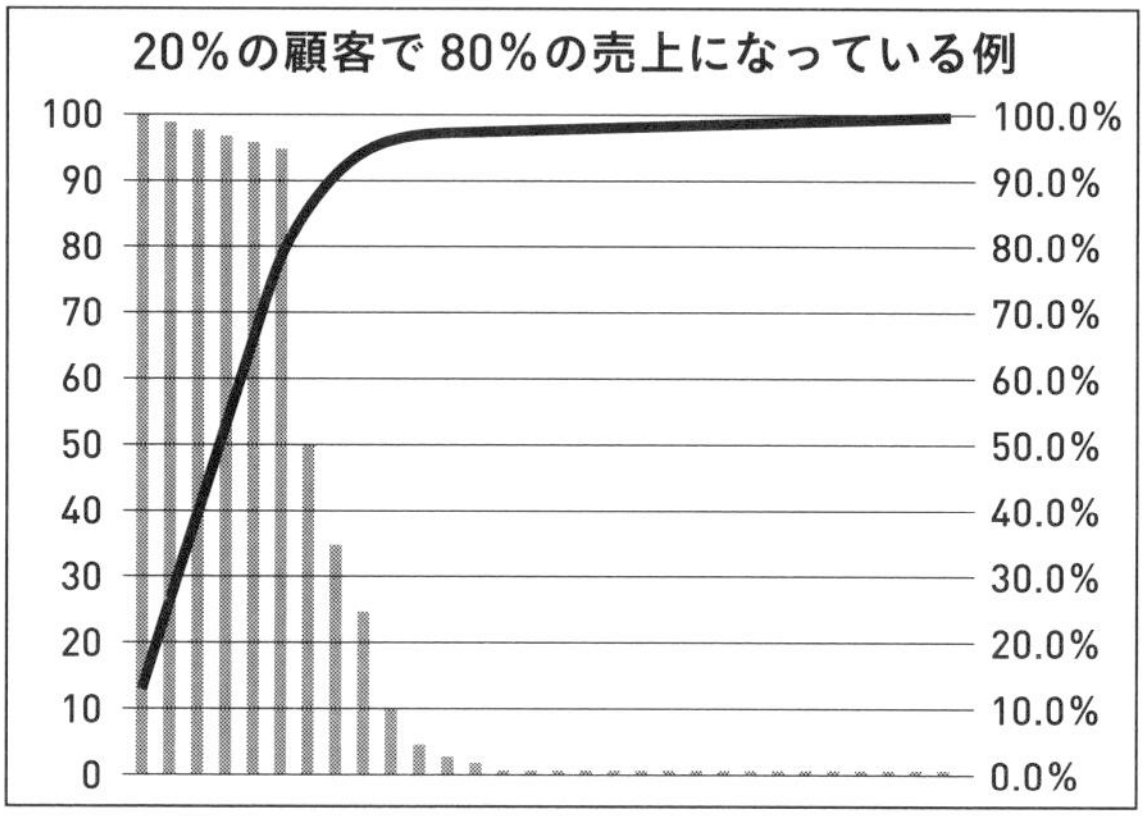

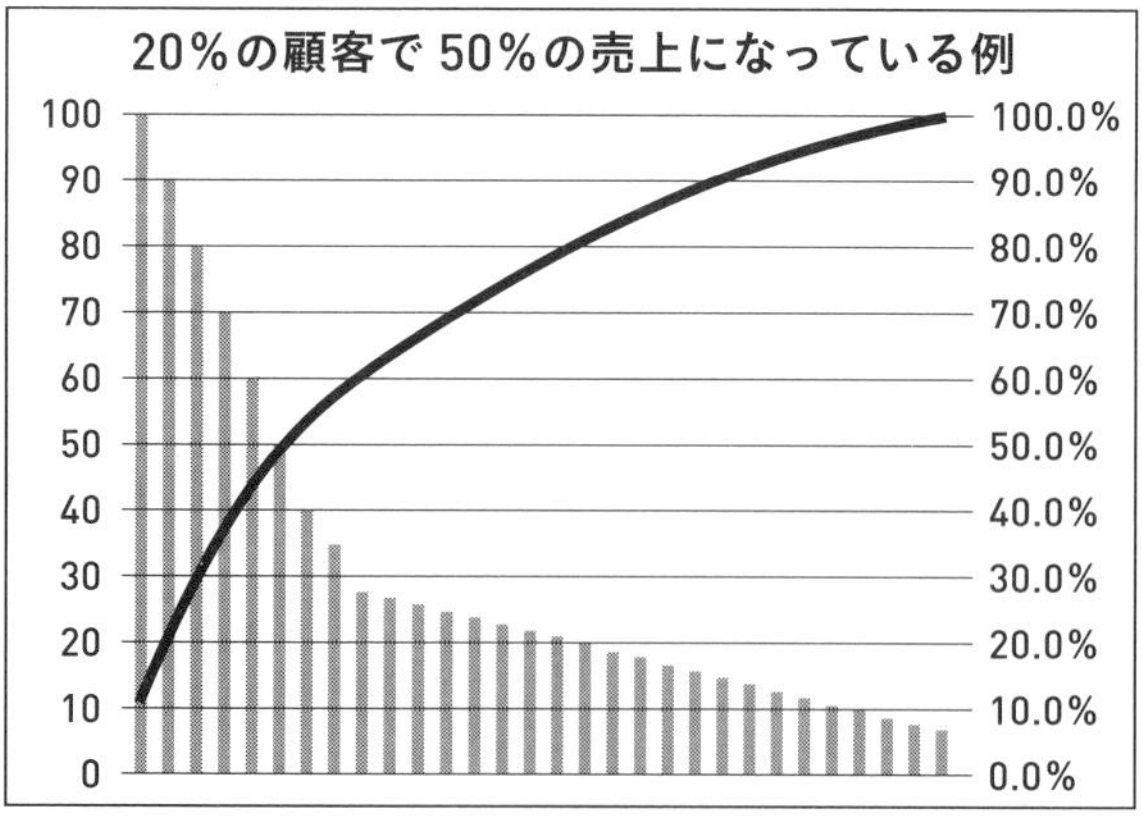

分析

売上上位顧客の特性に共通点がないか？

特定業界　特定エリア　特定企業規模 など

コンサル業界などでは、業界の変化に合わせて注力企業をシフトしていく必要があります。某コンサル企業は、これを上手に戦略的に実施しています。

2ケタ成長の新規売上拡大を果たした成功モデル例

リクルートにある企業の人事採用や研修を支援するサービスでは、従業員数の多寡により取引規模は大きく異なります。

従業員100名の企業と1000名の企業では、採用や研修を行う従業員数が異なります。当然、従業員数が多い方が商談が大きくなる可能性は高いわけです。当たり前ですね。**この当たり前をきちんとCSFと設定して、KPIとしてマネジメントすればよいのです。**

以下は、現在の売上に着目してKPIを設定したケースです。ある会社の事例で、将来の売上を上げるためのアプローチで科学的だなと思った話があったので紹介します。

前半までは同じです。**自社の取引が大きい、あるいは最近大きくなった企業をピックアップします。その共通点を発見します。**

例えば――

◎いくつかの業界で規制変化があった
◎一定の企業規模以上である
◎その企業の課題を解決できる自社ならではの提案ができている

これが必要条件。加えて——

◎ライトパーソン（正しい人）と商談ができている

これを十分条件だと考えたのです。

つまり、高取引額企業の共通点は、「理由が明確なターゲット企業に、自社独自の提案を準備」して、「その価値が分かり、決断できる人に提案ができている」という2つのことを同時に実行していること。

同社は、これを偶然に頼るのではなく、必然になるようにすればよいと考えたわけです。そこでまず対象企業の選定を行います。

上記の例でいうと、規制変化があった業界かつ一定の企業規模以上の企業をピックアップします。それを昨年度取引があった企業群から数十社、これは昨年度の取引の多寡にかかわらずピックアップします。そして、同数を昨年度取引がなかった企業群からピックアップします。

次に、ピックアップした企業群の担当を決めていきます。同社はサービス・商品が6種類ありました。1つの企業に対して、営業担当、ファシリテーション兼プロジェクトマネジャー、そして6商品・サービスそれぞれの担当の合計8名の担当をつけるのです。

繰り返しになりますが、昨年度の取引の有無にかかわらず、1社あたり8名の担当をつけるのです。昨年度取引があった企業も、6商品・サービスすべての取引があったわけではありません。かなりの自社人員リソースをこの企業群に投下しているのが理解してもらえると思います。

この8人のチームは、その後2つの活動を行います。

1つは、対象企業に対して自社ならではの課題解決提案企画を作成すること。もう1つは、ライトパーソン（その企画提案の価値を理解し、決断できる人）を見つけ、その人と会って提案できる状態にすることです。この2つのワークを並行して実施します。

そして、チーム結成後、1カ月目、2カ月目、3カ月目など、タイミングごとに提案企画の進捗とライトパーソンとの関係性構築の進捗についての関

新規売上拡大のための成功モデル例

イケている提案をその価値を理解できる人に提案する

①自社サービスの大型受注ができる可能性が高い顧客をピックアップ
②チーム編成
　営業担当＋ファシリテーション兼プロマネ＋商品担当（各商品群ごと）を配置
③対象顧客へのイケている提案作成
④その価値を理解できる人の確定とアポイント設定
⑤この③④の進捗をCSFとし、進捗率をKPIとする
　初月　：①提案仮説確定
　　　　：②対象候補確定
　翌月　：①提案各論作成
　　　　：②対象者（ライトパーソン）確定
　最終月：①提案作成とプレゼン準備
　　　　：②対象者（ライトパーソン）アポ設定
　　　　⇒上記進捗から遅れた場合は、チームを解散し、
　　　　　他チームをフォロー

門があります。この関門を越えられないと、チームは解散になり、そのメンバーは、他チームのサポートに回ります。

つまり、時期ごとの進捗内容がCSFであり、その進捗率をKPIにしているわけです。

この会社は、このアプローチにより毎年2ケタ以上の業績拡大を続けていました。新規売上拡大の成功モデルの1つだと思います。

営業活動にABCを導入する

特定企業にシフトした際の留意点として、参考事例を紹介します。

それは、売上は大きいものの実は

儲《もう》かっていない企業の存在を明らかにすることです。これは工場で実施されている**工場会計に活用されているＡＢＣ（Account Based Costing）の営業活動への応用**です。

ＡＢＣは、原材料などの原価だけではなく、工場で作業を行っている人件費も商品に配賦します。具体的には、ラインで作業した時間を計測し、それに作業者の時間単価を考慮して、原価として算入するわけです。

これにより、その製品の正しい原価を把握でき、結果として利益率も把握できるようになります。工場以外では、コンサルティング企業もコンサルタントの活動を同様に把握しているケースがあります。

この考え方を営業活動にも活用するわけです。

営業担当がＡ社に商品ａの商談に行った場合、その時間から計算した営業担当の人件費を、Ａ社の商品ａの営業費用として紐《ひも》づけるのです。

これは営業担当に限りません。例えば営業をサポートするアシスタント、商品担当、コンサルタントがＡ社の商品ａのために活動した人件費を同様に紐づけていきます。**すると、企業ごとの利益や商品ごとの利益を把握することが可能になります。**

このとき、取引が大きい企業が必ずしも利益が出ていないことが分かり、愕然《がくぜん》とすることがあります。同様に特定の商品で利益が出ていないことが分かることもあります。

取引が大きいのに不思議ですね。

取引額が大きい企業で利益が出ていないケースのおもな原因は2つです。1つは、取引が大きいので、値引き要求が強く、値引き額が大きいこと。もう1つは、同じく企業からの要望が高いので、社内外の人材が動く時間が大きいこと。それも要望が高いと、解決できる人材も限られていて、その人件費が高いことが拍車をかけています。

このような企業群とは取引の再考が必要です。利益が出ていない取引を続けることに意味は見いだしにくいですね。

値引き改善が最も先にやるべきことです。

余談ですが、利益額を見ずに、売上額の多寡だけで営業が評価されたり、表彰されたりするケースもあります。このようなＡＢＣを導入することで、それを避けることができます。ＡＢＣは、本格的に導入すると手間がかかりますが、２週間ほどスケジューラに記入してもらう、あるいは人を張り付けて観察するだけで、本格導入の必要性が判断できるケースもあります。

Account Based Costing＝営業活動にかかったコストを商品や利益に紐づける

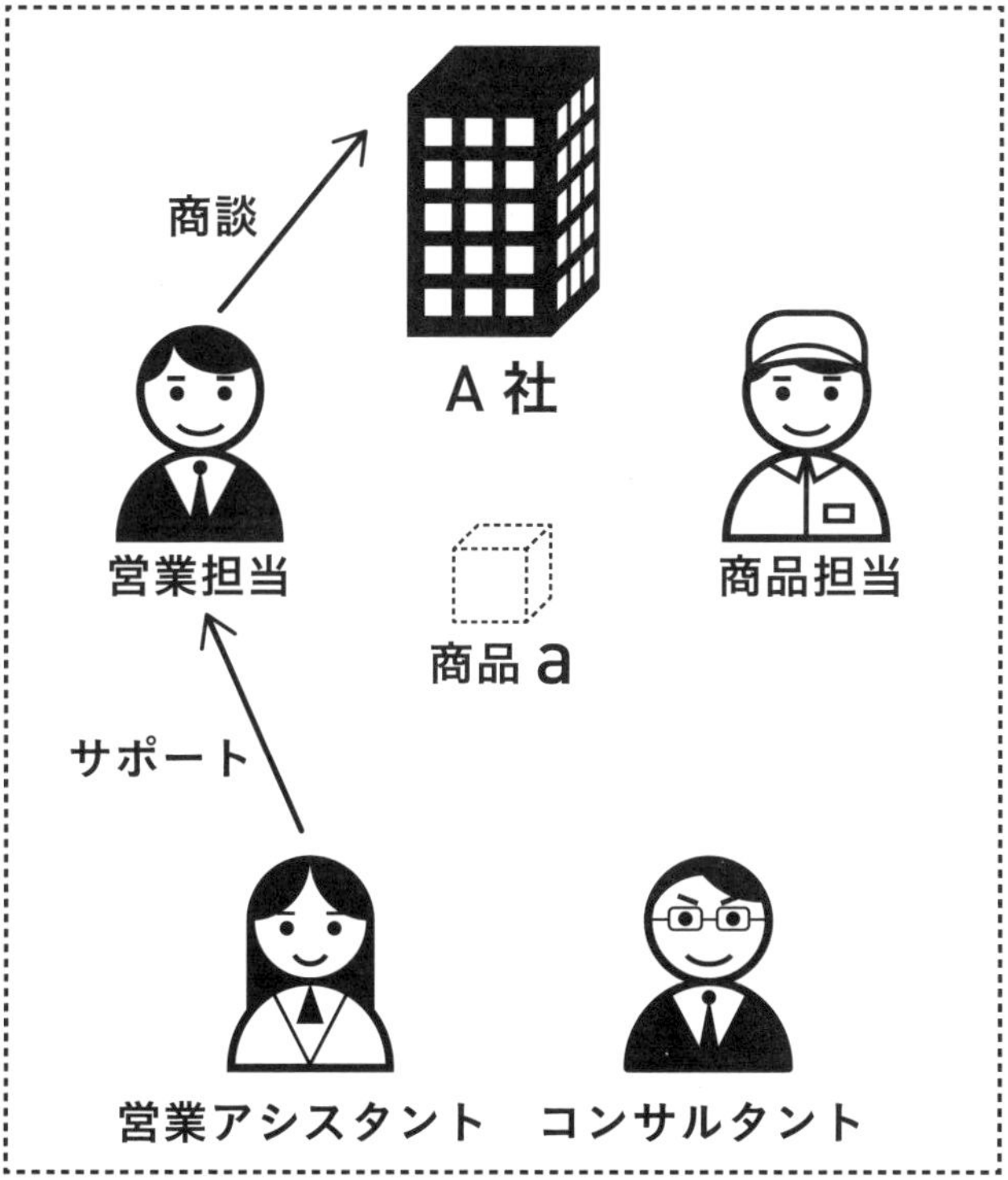

A社の商品aのために活動した人件費をすべて紐づける

◎企業ごとの利益を把握する！
◎商品ごとの利益を把握する！

04

事例 4

時代の変化を先取りして特定の商品にシフトする

リクルートのように情報をマッチングするビジネスモデルでは、情報を提供する企業ユーザ（クライアント）と情報収集をする個人ユーザ（カスタマー）という2つのユーザを意識する必要があります。

基本的には情報提供する企業ユーザから広告費をもらい、情報収集する個人ユーザには無料で情報提供を行います。

マッチングビジネスにとっては、「どのようなメディアを使って企業ユーザから個人ユーザへ情報を届けるのが最も効率的なのか」を考え続けることが重要な課題です。

時代によって変化してきた情報伝達手段

歴史を振り返ると、かつては自宅に就職情報を無料で届けたり、コンビニエンスストアや駅売店で情報誌を販売したり、その後はフリーペーパーとして無料で提供したり、PCやガラケーなどネットメディアを利用したりしてきました。

最近だとスマホやアプリが主流となり、今後は音声や映像、さらにはVRやARなども意識しなければなりません、ところが、一部の個人ユーザには、いまだにフリーペーパーなどの利用が底堅いのも事実です。

2000年ごろの企業ユーザは、まだまだ紙メディアで情報提供するのが主流でした。今から考えると、ネットメディアでの情報提供が主流になるのは火を見るよりも明らかでした。

しかし、その渦中にいると、ほんの一部の先進的な企業だけがネットにシフトしだしているにすぎませんでした。企業全体がネットシフトするには、まだまだ時間がかかるように感じていました。

一方の個人ユーザの情報収集は変化の兆しが見えてきていました。特に、若い世代はどんどん紙離れが進み、紙での情報収集割合が減り、ネット経由での情報収集が増えており、ユーザの情報獲得手段が大きくシフトしそうな兆しがありました。

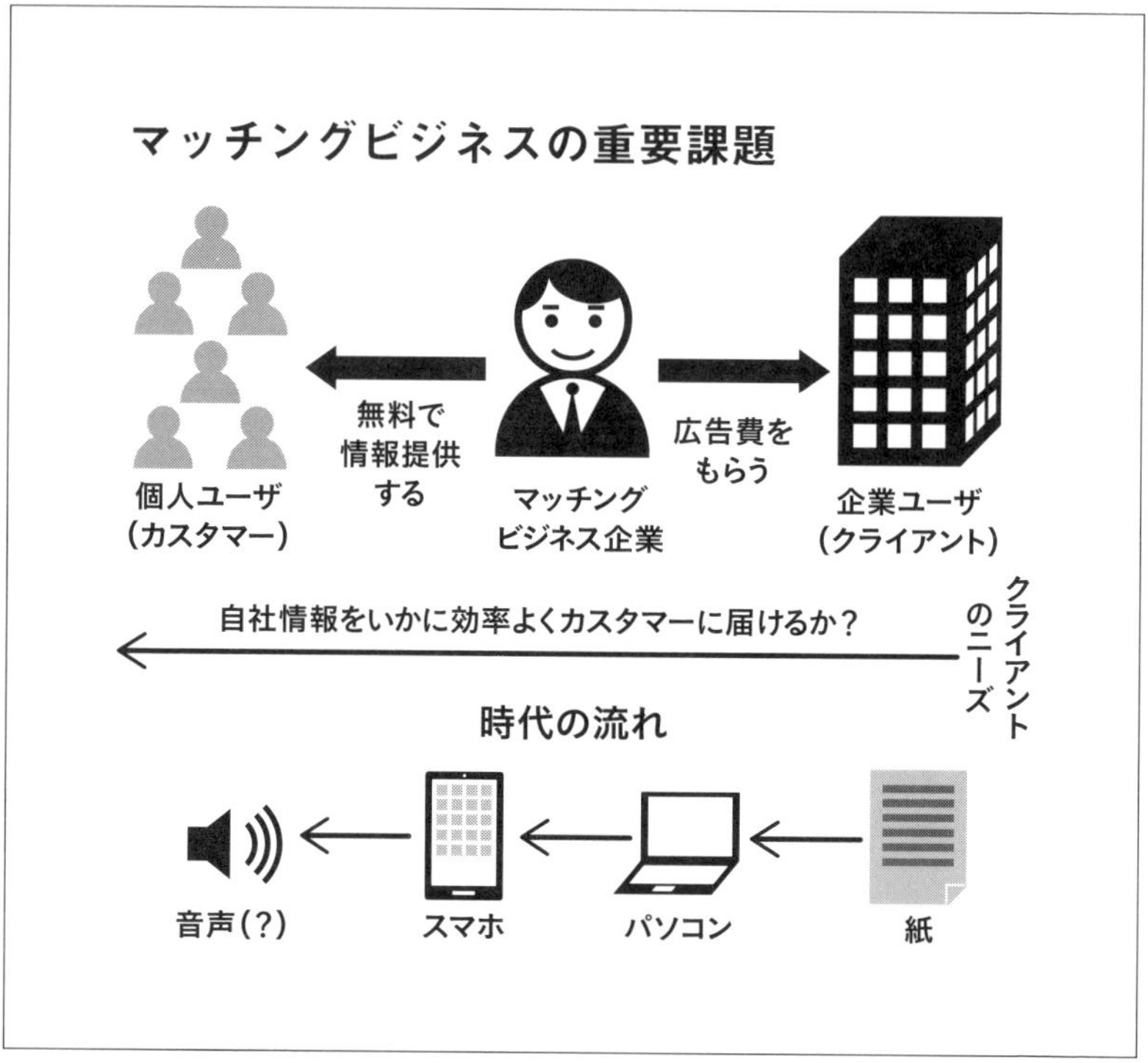

総合提案営業から注力商品営業へ

経営から考えると、紙メディア商品ではなく、ネットメディア商品に情報提供手法を大きくシフトしていきたいと考えたとしても不思議ではありません。

つまり特定商品の拡販に注力するということです。

いわゆる**「注力商品営業」**です。

しかし、このときに限らず、変化の時代には、企業ユーザのさまざまなニーズに対して、さまざまな商品を使って総合的に課題解決するという選択も十分に合理的です。

こちらは、いわゆる**「総合提案営

業」です。

つまり、事業全体の売上＝商品A＋商品B＋商品C＋……と表現すると、商品Aだけに「注力商品営業」をするのか、商品A、B、C……どれを売ってもよいという「総合提案営業」をするのかという二択です。

ある意味、究極の選択です。

それまでの営業戦略は「総合提案営業」でした。

ネットメディアの利用企業数を増やすには？

しかし、私たちの選択は時代の変化を先取りして、「特定商品営業」にシフトするというものでした。

しかも、その特定商品は、慣れ親しんだ紙メディアではなく、ネットメディアです。営業先である企業にとってもネットメディアでの情報提供には親和性がありません（今からわずか15年ほど前の話です）。

この決定は、大きな変化です。本部が方針をシフトしたからといって、全社一丸になって実行できるイメージが持てませんでした。そこで特定のエリアで特定期間だけ、ネットメディアへの「特定商品営業」を強化するトライアルを設計しました。

当時の目的は、ネットメディアの利用企業数を増やすことです。

ネットメディアで情報提供する企業数を増やし、それらの企業にネットメディア経由で情報収集する若い個人ユーザが反響することで、ネットメディアの効果を体感してもらう。これが実現したいことでした。

ネットメディアの売上は**「ネットメディアの利用企業数×企業あたり売上」**ですので、今回の施策では利用企業数を増やすことが重要です。

ネットメディア利用企業数を増やすために取った秘策

次に考えなければいけないのは、どのような利用企業を増やせばよいか。

例えば、企業の情報提供メディアによって分類すると次の3つに分類されます。

①紙メディアのみで情報提供
②ネットメディアのみで情報提供
③紙メディアとネットメディア併用で情報提供

当時は「①紙メディアのみ」が多いわけです。これを一気に「②ネットメディアのみ」に変更できればよいのですが、無理があります。

大半の企業は大きな変化を好みません。また、紙メディアからネットメディアへのシフトにより個人からの反響が減る可能性もあります。

当時の価格体系でいうと紙メディアの方がネットメディアよりも高額でした、このシフトを起こすことで私たちも売上が減ってしまう可能性がありま す。

一方で、「③紙メディアとネットメディア併用」にすると、企業から見ても情報提供手段が増えます。当然ですが、情報が個人ユーザに届きやすくなります。

しかし、紙メディアの広告料にネットメディアを加えるのですから、その分の広告料が高くなります。その壁を越える必要があります。

しかし、私たちが得たい結果を考えると、どの選択肢を選ぶべきかは火を見るよりも明らかです。

「③紙メディアとネットメディア併用」へのシフトです。

そこで、**価格がお得な紙メディアとネットメディアのセット商品を作るこ**

とで、広告料値上げを最小限に抑える設計をしました。

特定エリアで特定期間だけ、価格がお得な紙メディアとネットメディアのセット商品の拡販施策のトライアルを行いました。

商品A＋商品B＋商品C……から「商品A＋商品D」への注力営業を行ったということです。

トライアルによって得たさまざまなノウハウ

このトライアルによりさまざまなノウハウが収集できました。

営業活動を、アプローチ、プレゼンテーション、クロージング、広告作成・納品、効果検証というステップに分類して、さまざまな数値、情報が得られます。

例えば、アプローチやプレゼンテーション部分では、「営業はどのような顧客群には営業活動を行うのか／行わないのか」、プレゼンテーションやクロージング部分では、「どのような顧客群は、今回のセット商品の利用をしたのか／しないのか」、広告作成・効果検証では、「どのような顧客群に反響が多かったのか／少なかったのか」などです。

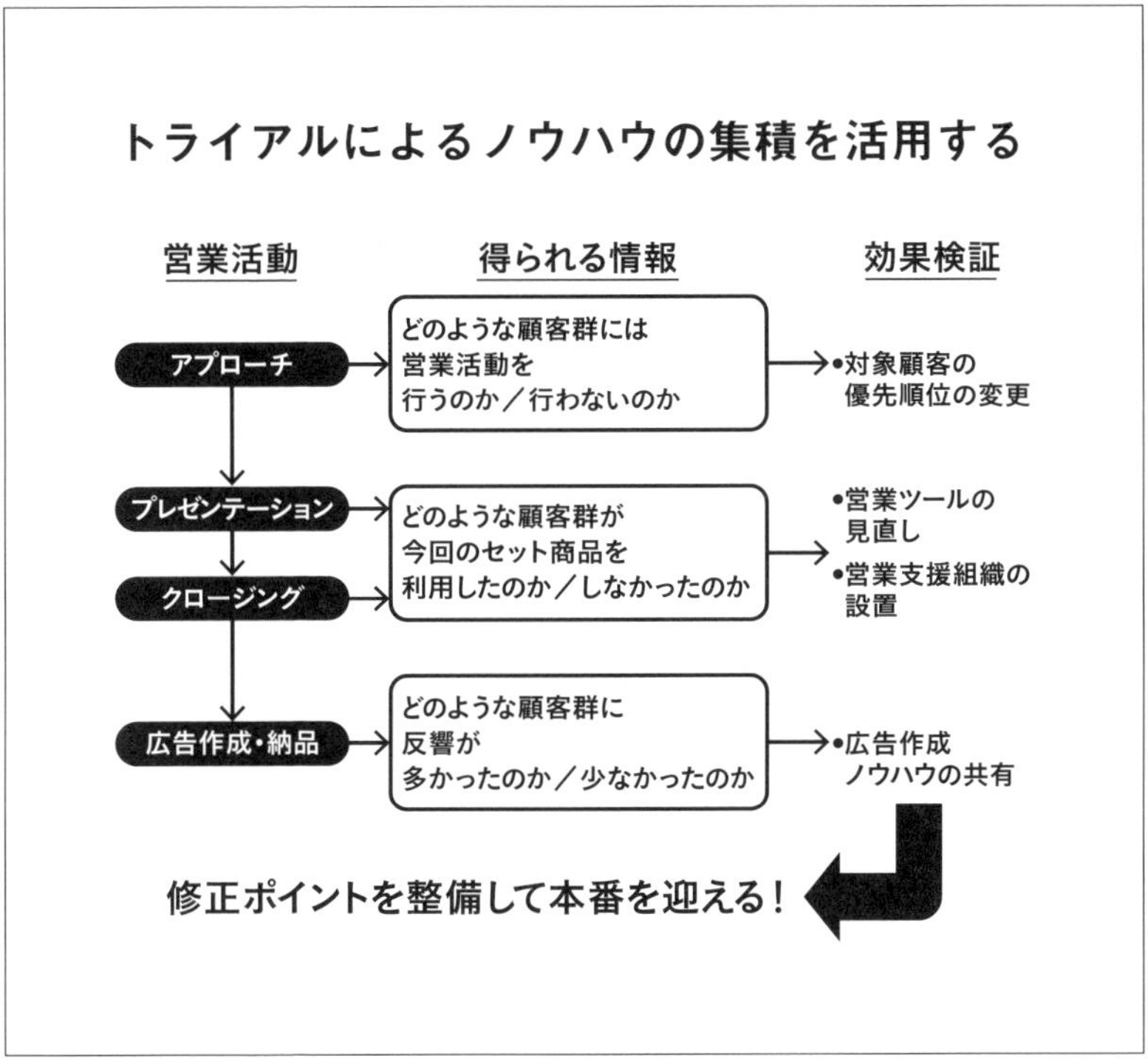
トライアルによるノウハウの集積を活用する
営業活動
得られる情報
効果検証
アプローチ
どのような顧客群には営業活動を行うのか／行わないのか
•対象顧客の優先順位の変更
プレゼンテーション
クロージング
どのような顧客群が今回のセット商品を利用したのか／しなかったのか
•営業ツールの見直し
•営業支援組織の設置
広告作成・納品
どのような顧客群に反響が多かったのか／少なかったのか
•広告作成ノウハウの共有
修正ポイントを整備して本番を迎える！

これらの数値や情報を事前に想定していた仮説と検証を行います。そして、修正を行います。例えば、アプローチ部分では、対象顧客の優先順位の変更、プレゼンテーションやクロージング部分では、営業ツールの見直しや営業支援組織の設置、広告作成・効果検証では、広告作成のノウハウ共有などを行います。

このトライアルは、「ネット商品拡販営業」のための布石です。これらの修正ポイントを整備して、きたる本番を迎えるわけです。そして、その本番も1回実施して終了ではなく、たゆまざる改善活動を行っていくわけです。

05

事例5

従量課金モデルでは歩留まり向上から始める

顧客に従量課金するモデルでは、売上は**「リーチ×歩留まり×商材価格×手数料率」**と表現できます。

売上を上げる方法は次の4つが考えられます。

①リーチ（つまりユーザ数）を増加させる
②歩留まりを上げる＝商材を購入してくれるユーザの割合を増加させる
③商材価格を上げる＝高い商材の購入や購入頻度を上げる
④手数料率を上げる

どれも変数ですので、どれもがCSFになる可能性があります。

ただし一般的にはリーチを増やすには、コストが必要です。**できれば歩留まりを向上させてから実施した方が生産性は高まります。**

商品価格のアップは商品特性によります。

手数料率は商材を提供してくれる企業との交渉になります。プラットフォーム上で商売をする場合は、かなり困難かもしれません。ただ、そうでない場合は、検討の余地があると思います。

手数料率が低いと、損益分岐の販売個数が高くなり、ビジネスとしての安定性が担保できなくなります。まず、手数料率のアップができないかを検討するとよいでしょう。

よく、ビジネスが立ちいかなくなってから、この手数料アップの交渉をするケースがありますが、そのタイミングでは時間が限られており、うまくいきません。交渉事は、納期がある側が妥協しがちです。

手数料が固定値になった後は、歩留まりの向上を検討するとよいでしょう。

歩留まりの向上にはユーザの「行動シェア」を上げることが重要です。

「行動シェア」を上げる

「行動シェア」という考え方について説明します。

ユーザは何かを検討する際に、並行検討します。例えば5つの商材を並行検討して、そのうちから1つを選択するとします。

商材間の優劣が同等とすれば、1つの商材を提案するという営業活動は5分の1、つまり20％の行動シェアを取ることになります。つまり、自社商材を5つ紹介できれば、行動シェア100％となります。

もしもユーザが5つのうちのどれかの商材を買う場合は、必ず自社の商材から購入してくれることになります。

当然、すべてのユーザがどれかの商材を買うわけではありません。何らかの商材を購入する割合を**購買率**と表現すれば、**歩留まり＝購買率×行動シェア**と表現できます。

私はこのように因数分解することで、次のように考えています。

「購買率を上げることはできない」

つまり、本来購買しないはずのユーザに無理やり購入いただくことはできません。そして、するべきではありません。

一方で、購入するお客様が、その製品を購入する場合は、(我々が扱う製品がよいという前提ですが)、**我々を通じて購入していただきたい。**

それが「行動シェアを上げる」という考え方です。

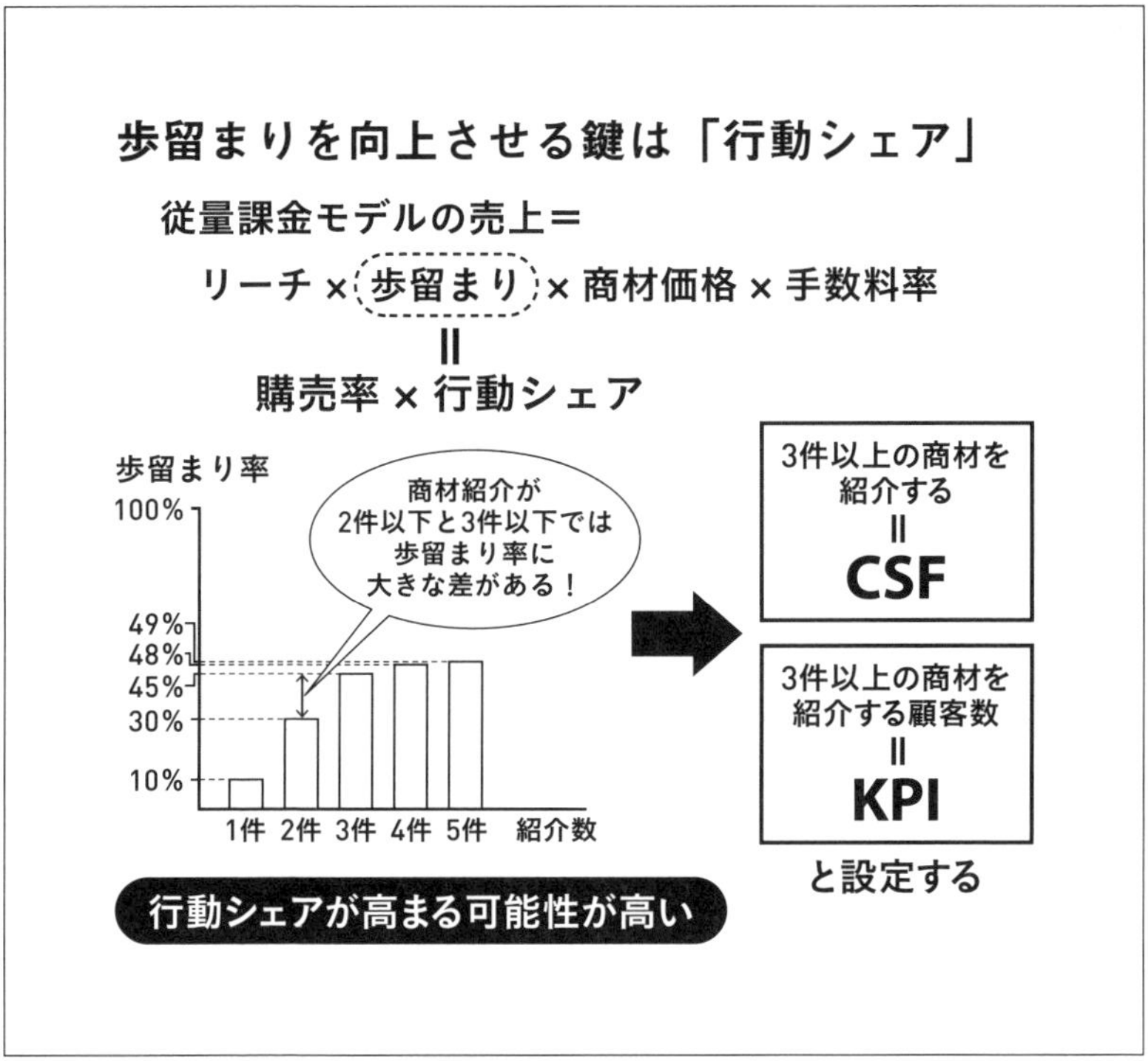

実際は、ユーザによっては、10件以上並行検討してから購入する人もいます。逆に1件だけで並行検討せずに購入する人もいます。かなりの分散があります。

横軸に紹介数と縦軸に歩留まりをプロットすると、何らかの閾値《しきいち》があります。例えば、1件紹介では10%、2件では30%、3件では45%、4件では48%、5件では49%などというような傾向が出ます。

この例であれば、2件紹介するのと3件紹介するのでは、歩留まりに大きな違いがあります。ユーザに対して3件もしくは4件の製品を紹介することができれば、歩留まり向上が期待できるわけです。

この行動をＣＳＦとして、例えば１００ユーザあたり70％は３件以上紹介しようとＫＰＩを設定するわけです。

この70％のままだと分母も分子も変数になります。一定期間に例えば１００ユーザにリーチできるのであれば、70％を乗じて、７００ユーザに３件以上紹介することをＫＰＩと設定できるのです。

06

事例6

採用活動におけるKPIの考え方

採用活動は次のような式で表現できます。

採用数＝応募数×通過率

複数回の面接を行う場合は、次のように表現できます。

採用数＝応募数×1次面接通過率×2次面接通過率×最終面接通過率

この応募数、面接通過率のデータは企業ごとにかなり違いますし、また職種ごとの需給バランスによって大きく変化します。そして、どのステップに課題があるのかで打ち手も異なります。

ですので、職種ごとに分類して打ち手を考えることが必要です。

応募数を増やしたいのか、通過率を上げる必要があるのかで打ち手が異な

採用活動で応募数を上げるためのKPI

採用活動の式

採用数＝応募数×通過率

複数の面接を行う場合の式

採用数＝
応募数×一次面接通過率×二次面接通過率×三次面接通過率×最終面接通過率

⇓ 応募数を増やす場合

自社が必要とする職種の
紹介が得意な人材紹介会社の開拓　⇒これが**CSF**

増やしたい採用数 10 人・通過率 50％の場合

10人÷50％＝20人の応募が必要　⇒これが**KPI**

⇒紹介会社 1 社あたり 4 人紹介してもらえるとすると
　新たに紹介会社 5 社の開拓が必要

ります。

例えば応募数を増やすには、自社の職種が得意な人材紹介会社の開拓が必要です。これがＣＳＦになります。増やしたい職種の採用数と、紹介会社1社から紹介してもらえる応募数から、開拓する人材会社数が計算できます。

増やしたい採用数が10人で、通過率が50％だとすると、**10÷50％＝20人の応募**が必要になります。紹介会社1社あたり4人紹介してもらえるとするならば、新たに5社の紹介会社の開拓が必要になります。

この「5社の紹介会社の開拓」が**その職種採用のＫＰＩ**になるわけです。人材紹介会社のケースで説明しましたが、メディアを利用する場合も考え方は同じです。

通過率を上げる

通過率を上げる場合を考えてみます。
通過率は2つの項目に因数分解できます。

①自社がその応募者を合格とする率
②それを受けて応募者が承諾する率

数式として表現すると次のようになります。

通過率＝自社合格率×応募者承諾率

低い通過率を向上させる場合でも、自社合格率を上げるのか、応募者承諾率を上げるのかで打ち手が異なるということです。

通過率を上げるための施策

通過率向上の式

通過率＝自社合格率⇑×応募者承諾率⇑

自社合格率を上げるには

①応募者の質：自社とマッチングしている人を増やす
②合格レベルを下げる

応募者承諾率を上げるには

応募者が承諾しない以下の理由に対策を打つ
①他の会社に転職する
②転職そのものを取りやめて自社に残る選択をする

自社合格率を上げる

自社合格率を上げるには、応募者の質、自社とマッチングしている人を増やす、合格レベルを下げるといった方法が考えられます。

前者の自社とマッチングしている人を増やすには、人材紹介会社との関係性強化やメディアなどでの告知内容の改善が重要です。人材紹介会社とは、通過した場合も通過しなかった場合もきちんとフィードバックすることで、修正をし続けることが重要です。

後者の採用レベルを下げる場合は、何らかの要件を緩和することになります。例えば、スキル要件を下げる場合は、その後の人材育成が必要になります。人材育成施策とセットで検討しないと、単なる問題の先送りになってしまいます。

応募者承諾率を上げる

応募者承諾率を上げる場合を考えてみます。
応募者が承諾しない理由は2つに大別されます。

①他の会社に転職する
②転職そのものを取りやめて自社に残る選択をした

理由を把握するとともに、対策を打つことが重要です。特定の企業に採用負けしている場合は、個別の打ち手の検討が必要です。これは、営業活動と同じですね。

採用活動における重要なＣＳＦとは？

採用活動で最も重要なＣＳＦは何か。

それはずばり「スピード」「採用選考スピード」です。

某人気企業は何度も何度も選考を行い、時間をかけています。それとは正反対のことを言っています。

採用を結婚に例えると理解しやすいかもしれません。もしも私がモテモテであれば、パートナーをいつまでも待たせることができるかもしれません。しかし、そうではありません。それどころか、パートナーの方がモテモテで、私たちが試されているわけです。

だとすると、私たちが競合との勝負に打ち勝ってパートナーと結婚するには、強い競合が出てくる前、あるいは出てきたとしても競合がぐずぐずしている間にプロポーズするしか活路を見いだすことはできません。

これは採用活動でも同じことです。

私たちが、人気企業に打ち勝って優秀な人材を採用するには、１日でも早く内定を出すしかないのです。もちろん、内定を出しても来てくれない可能性はあります。

しかし、人気企業が、私たちよりも先に内定を出したら、私たちの会社に入社してくれる可能性はゼロになります。ゼロと可能性があるのは、大きく異なります。このためにも、**「採用選考スピード」のアップは不可欠**なのです。

採用面接のムダはどこにあるのか？

この話をすると、「拙速に採用活動をしてはいけない」という人がいます。その通りです。ただし、「スピードアップ」は「拙速」ではないのです。

採用活動を分解し、時間がかかっている箇所はどこだと思いますか？

実は、面接の日程設定なのです。

応募者と面接官の日程設定に時間がかかっているのです。日程設定の時間を短縮する工夫をするだけで、採用選考スピードが向上します。

例えば、1次面接を行い、後日面接日程の設定をしているケースを考えてみます。1次面接官に2次面接官の次回面接可能スケジュールを伝える。加えて1次面接官に、合格の場合はその場で合格を伝えて、2次面接設定の権採用活動のCSFとは？

採用活動の最重要CSF

＝

採用選考スピードの短縮化

↓

面接設定のムダ取りをする！

まずは応募から内定までどのぐらいの時間がかかっているかを把握する

限を与えるだけで、1週間程度の時間短縮が可能です。

それを拡大して、人材紹介会社に同様の権限を付与すれば、さらに1、2週間の期間短縮ができるようになります。面接回数を減らして、企業側が一気に会うことでも期間短縮は可能です。

面接設定の時間には価値がありません。

ここのムダ取りをするだけで、採用力が向上します。

そもそも、自社の採用選考期間を把握していない経営者も多いのが実態です。そこを把握することから始められるとよいと思います。

07

事例7

社外広報は目的を明確にしてKPIを設定する

自社の存在を社外に発信する社外広報の場合、KPIを設定するのは簡単ではありませんし、必要でないケースもあるかもしれません。

よくあるケースは、社外に広報できたメディアを広告換算し、合計した金額と社外広報にかかっているコストを比較するというものです。投資対効果を比較し、社外広報の価値を「見える化」するのが狙《ねら》いです。

これはこれで一つの考え方だと思います。

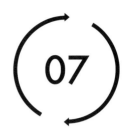

ある社外広報のKPI設定のケース

以前、ある社外広報が、**「我々の社外広報の目的は、採用活動の支援だ」**と自らの立場を設定しました。採用活動において応募が増加することに寄与し、応募者が内定承諾することに貢献すると決めたのです。

具体的には、採用ターゲットの企業認知率や転職意向率を高めることで、これらを実現しようとしたのです。

ここまでシャープに絞り込めば、ＫＰＩは設計可能です。

まず、現状の企業認知率と転職意向率を把握します。同時に、自社の企業イメージや転職意向に寄与する要素に関して把握も行います。そして、採用ターゲットが自社に対して想起してほしいイメージと現実のギャップを把握します。

これらのデータを定期的に把握する仕組みやフローを整備します。可能であれば競合企業の採用上のデータも把握します。採用ターゲットに想起してほしいイメージや、現実とそのギャップや採用競合の数値などを参考にＫＰＩ設定を行います。

例えば企業認知度70％、転職意向度20％のように設定するわけです。認知度や意向度は簡単に変化しない数値なので、長期間での数値改善を目指します。この場合、企業認知度70％、転職意向度20％といった数値がKPIとなります。

並行して、上述のギャップを課題解決する方法について検討を始めます。例えば採用ターゲットがよく読むメディアに社外広報活動をする必要があります。前述のように採用活動の場合、職種別にＫＰＩ設定を行うので、職種

採用活動支援を広報の目的にしたケース

社外広報の目的＝採用活動の支援

↓

採用ターゲットの企業認知率　　**採用ターゲットの転職意向率**

この2つを高めるため

↓

3つを把握

①現状の企業認知率と転職意向率
②自社の企業イメージや転職意向に寄与する要素
③採用ターゲットが自社に想起してほしいイメージと現実のギャップ

↓

採用ターゲットに合わせて広告メディアやコンテンツを検討

別のメディア把握が有効です。次にその採用ターゲットとメディアの相性により、どのようなコンテンツが有効なのかを検討します。

採用活動を目的として、社外広報では多様性を担保した同一性が重要に思います。少し難しい表現をしてしまいましたが、「この会社にはいろいろな人がいる。そして私と同じような人もいる」ということが伝わるのがよいのです。

そういう意味では、**社外広報に登場する人物を多様にすることがCSFとなり、具体的な人数がKPIとなります。**これについては、設計は簡単ですが、実行は難しいです。特定の人を何度も何度も社外広報する方が、実は簡単です。

しかし、これでは、「いろいろな人がいる」を担保できません。いろいろな人を社外メディアに取り上げてもらうには、社内の人物の把握も必要ですし、社内外の人間関係づくりも必要です。かなり難易度は高いのです。

しかも、社外広報に登場することで、転職エージェントから連絡がかかり、転職する可能性を高めてしまうのではないかとも考えがちです。つまり、実行難易度が高いのです。だからこそ、他社には容易に模倣ができないので、実行できた場合の、競争優位性が高いのは間違いありません。

今回は社外広報の採用活動への寄与についてでしたが、これは販促活動への寄与でも、ブランドイメージ向上でも基本的な考え方は同じです。

目的を絞り、ターゲットを絞り、それに合わせたメディアとコンテンツの整合性を取ることがポイントです。

08

事例 8

社内スタッフ部門は従業員満足度をKPIにするのが基本

ある従業員向けのサービスを提供している社内スタッフ部門の事例です。この部署は、社内向けのPC、スマホ、イントラネット、社内システム、ネットワークなどの運用と問い合わせを受けているコールセンターの部署です。

ここでは、年に1回従業員満足度調査を大々的に実施しています。総合満足度に加えて、それぞれの項目の満足度やその理由を継続的に把握しています。それを、項目別、部署別、入社時期別、階層別、雇用形態別などさまざまな切り口で分析を行います。

目的はコールセンター内の最適な資源配分です。

この手のコールセンターは、コストセンター（コストだけが集計されて収益は集計されない部門）だと位置づけられていることが大半です。

コストセンターですので、可能な限りコスト削減することが求められます。結果、人員やコストの最適配置が必要になります。

そのKPIマネジメントツールとして従業員満足度アンケート結果を位置

づけているのです。

従業員満足度をKPIにする方法

具体的には、総合満足度やそれぞれの項目の満足度に閾値《しきいち》を設け、ある数値より下になると原因分析をし、必要に応じて打ち手を講じます。

打ち手には人員のシフトやコストが必要です。

その原資を満足度が一定以上の項目から移管するのです。

つまり、満足度の閾値に上限と下限を設定していて、上限を上回ると資源を減らし、下限を下回ると資源を増やすことを検討します。

上回った場合は、資源は減らすのですが、下限を下回っても、すぐに資源を増やすことはしません。原因を特定し、検討するのです。

例えば、スマホの利用について満足度が下がっていたケースです。

この満足度の下落は特定の組織のみで顕著でした。理由を分析してみると、一番大きな理由は、その部署がコスト削減のために安価なスマホを選択したことにありました。

最も合理的な解決策は、その部署が安価なスマホの使用を止めることです。

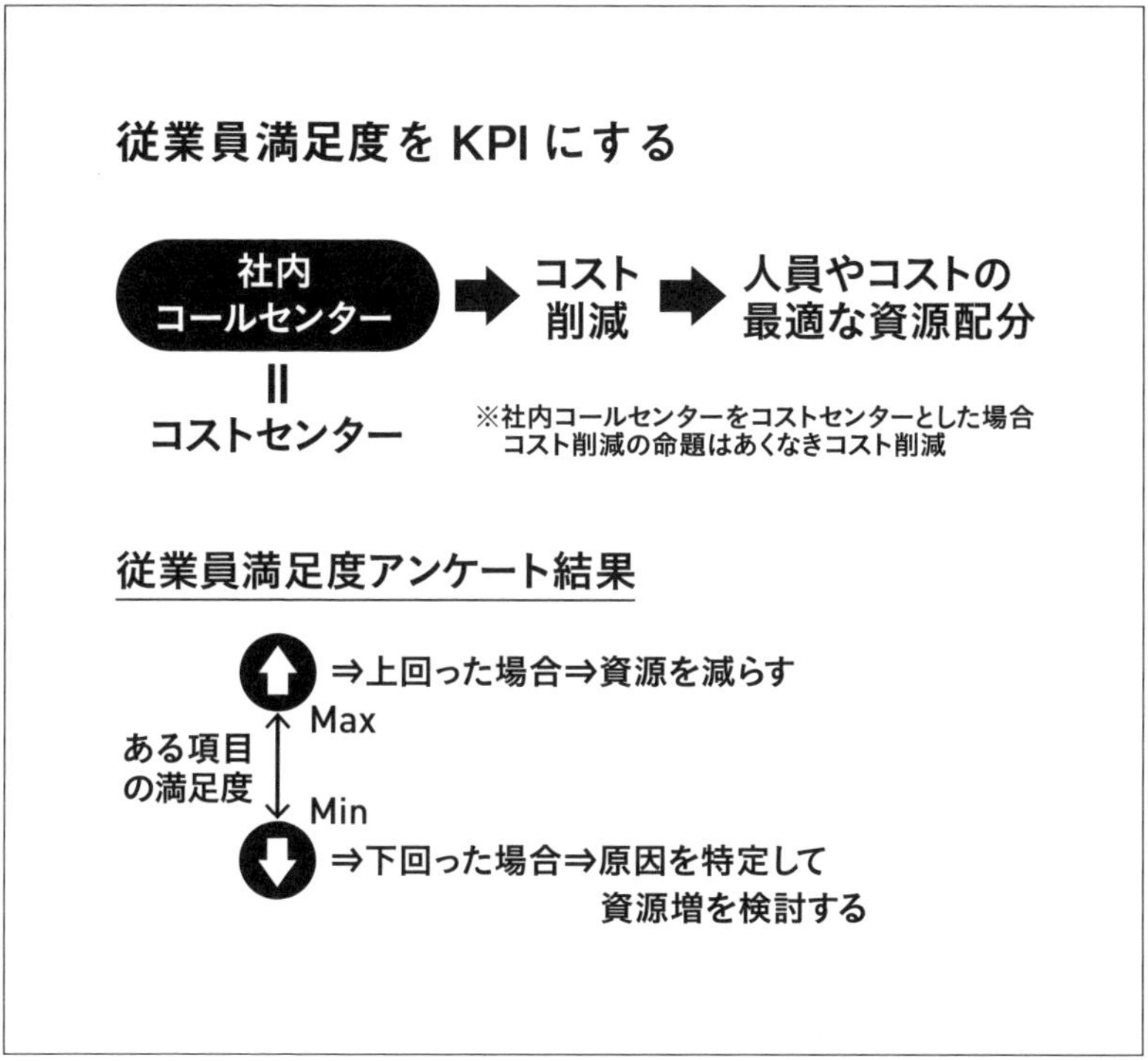

しかし、それをしないでこの部署を支援をしたとしても、効果は限定的です。

しかも、実行するとなると、効果は限定的な一方、コストと手間はかなり必要です。このようなケースでは「満足度を上げることは実行しない」という判断をするのです。

同じく、ネットワークへの不満が高い数値を示しているケースもありました。

これは特定の部署での状況ではありませんでした。こちらは特定のビルで顕著に満足度が悪化していたのです。

調査を進めると、ちょうど、社内ネットワークを有線から無線に変更するタイミングであることが分かりました。無線機器の設置が十分でないタイミングでの不満であることが想定されます。

実際、無線機器の設置状況と不満の状況に関連がありました。このようなケースでも、状況説明はするのですが、手を打つことはしませんでした。

このように社内スタッフ部門では従業員満足度をＫＰＩとして、事業運営を行っているケースもあります。

09

事例9

集客担当には集客単価を決めて自由に動いてもらう

マッチングビジネスの事例です。マッチングビジネスは、情報収集したい個人ユーザと情報提供をしたい法人ユーザを結びつけます。

主な仕事が3つあります。個人ユーザを集客する「集客担当」、企業ユーザの情報を収集する「営業担当」「広告担当」、そして両者をマッチングする「メディア担当」です。

それぞれの機能別に3つの組織を作ると、組織間の壁ができて、サイロ化し、部分最適な判断をしがちです。一方、横断組織にすると全体最適な判断はできるのですが、判断に時間がかかります。

この事例は、機能別組織にしながら、全体最適な判断を素早くできるという両立をKPIマネジメントで実現できた話です。

集客は拡大したもののマッチングが低下

「集客担当」はさまざまな手法（テレビ・ラジオ・新聞・インターネット・フリーペーパー・チラシ・看板・雑誌など）を駆使して個人ユーザを集客する仕事です。**一般的には、限られた集客予算の中で、最大限の集客目標の達成を求められます。するとと手段の目的化が起きるのです。**

本来はマッチングすることが目的です。そのために個人ユーザを集客しますが、マッチングに至らなくても集客すること自体が目的になりがちです。

マッチングに至らない理由はいくつかあります。個人ユーザの特性と情報提供内容が異なることも1つです。あるいは、情報提供の量が少ないことも1つです。マッチングのムダとムラが起きてしまうのです。

機能別組織にしていると、このような部分最適が起こりがちです。「集客担当」は必死に集客目標達成のために頑張りました。しかし、情報量や情報の質やタイミングが合わずにマッチングしないのです。骨折り損のくたびれもうけです。

個人ユーザにとっても不幸です。情報収集しようとサービス利用したのに、その情報の量が少なく、あるいは質が合っていないのです。そのサービスに対して不信、不満を持つようになります。今後の利用意向も下がっていきます。マッチング企業はお金を使って、アンチファンを作っているのです。

では、どうすればよいのか考えてみます。

集客担当に「マッチング目標」を導入する

前述のように、一般的には、限られた集客予算の中で、最大限の集客目標の達成を求められます。つまり、集客予算と集客目標の2つの数字を重要な指標として運用することになります。

しかし、事業の目的はマッチングを最大化することです。

そこで、「集客担当」にもこの「マッチング目標」をKPIとして持ってもらいます。「集客目標」「集客予算」は、目安数値として格下げします。

つまり、「マッチング目標」に応じて、集客数をできる限りリアルに変更させる仕事だと位置づけるわけです。

企業からの情報量が多くなれば、集客数を増加させる。反対に少なくなれば集客数を減少させる。そのようなフレキシブルな集客活動を行ってもらう

マッチングビジネスの集客担当はマッチング目標をKPIにする

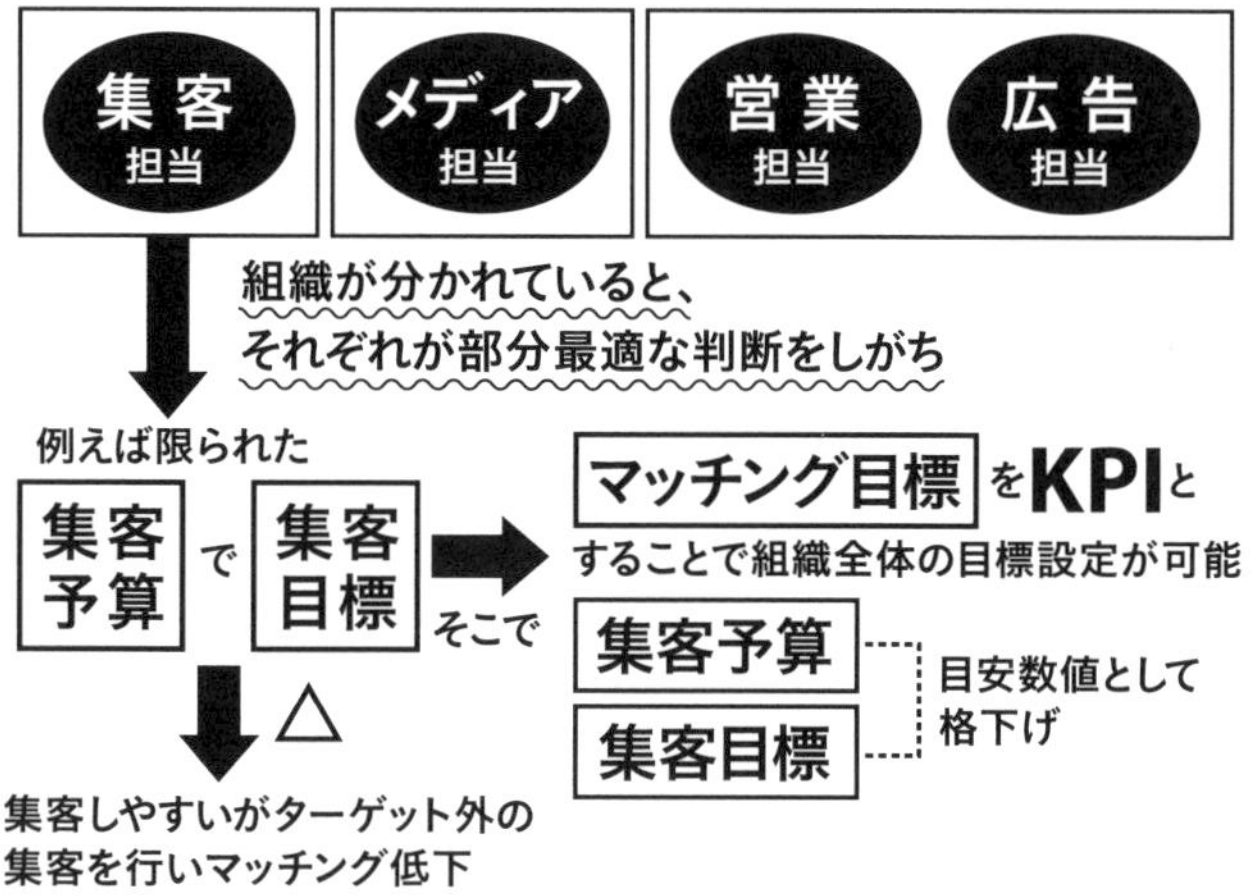
集客
担当
メディア
担当
営業
担当
広告
担当
組織が分かれていると、
それぞれが部分最適な判断をしがち
例えば限られた
集客予算
で
集客目標
△
集客しやすいがターゲット外の
集客を行いマッチング低下
そこで
マッチング目標をKPIと
することで組織全体の目標設定が可能
集客予算
集客目標
目安数値として
格下げ

のです。

そうすると、「集客担当」は、企業からの情報提供の予測情報が必要になります。その予測情報をもとに集客活動の強弱を変化させるようになります。

その際に集客担当に**「目安の集客単価」**を与えておくとさらに効果的です。「集客担当」が何か施策を行うたびに、決裁のために会議を行い、説明を行うことが必要であれば、判断スピードが遅くなります。

このフレキシビリティを与えるために、**「目安の集客単価」の範囲であれば自由に集客できるという自由度を与えておく**ということです。

10

事例10

仕事ができるようになるためのKPI

個人として仕事ができるようになるためにはどうしたらよいか。

これもKPIマネジメントが活用できます。

2000年に私がリクルートワークス研究所の調査グループのマネジャーになったときの話です。

東名阪のワーキングパーソン1万3000人に調査を実施しました。

その中で、「過去1カ月以内に仕事に関係する情報収集をした」という設問にイエスと回答した方は、約17%でした。つまり6分の1の方（だけ）が、過去1カ月に情報収集していたことになります。

さらにこの17%の方を分析すると、同じ年齢、学歴、企業規模などで収入が多いのです。定期的にインプットしている人たちの方が、（おそらく仕事で成果を出して、結果として）収入が多いのは、納得感が高く、理解しやすいと思います。

このことを知ってから、私は本を読むことを習慣にしました。週に2冊、

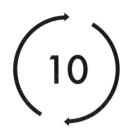

年間100冊を目標にしています。 3分の1程度が直接仕事に関係する本。3分の1程度が直接ではないが、仕事にも関係する本。残りの3分の1は、仕事には関係ない本を読むようにしています。

週2冊をKPI設定しているのですが、当然ですが、体調や気分により、読書が進む日もありますし、まったくうまく進まない日もあります。ある意味、心身の健康のバロメータとしてKPIの活用もできています。

「本を読む時間がない」が言い訳の人に伝えたい「読書のKPI」

このような話をすると、「読む時間がない」という話を頂くことがあります。そのような方にアドバイスしている話があります。それを披露します。

まず、時間がないという方に質問です。

「読書のためにどれくらいの時間が必要なのか把握していますか？」

これを把握するためには、自分の読むスピードの把握が必要です。私は平均すると、おおよそ1ページを1分間で読むことができます。もちろん、1

ページの中の字数も異なります。2段組みで小さな字で書かれている本もあります。挿絵や図版がふんだんにある本もあります。

また、前述のように心身の状態でもスピードは大きく異なります。本のテーマを私が事前に持っているかどうかでも異なります。

ですので、分散はかなり大きいのですが、**平均1ページにつき1分**だということだけです。これが分かると必要な時間が把握できます。

本のページ数は平均すると200から300ページです。私の読むスピードは、平均1ページ1分です。1冊の本を読むのに200分から300分かかるということです。**平均250分**です。

私は週あたり平均2冊読みますので、ざっくり500分必要になります。つまり、**平日5日間で読もうと考えると1日あたり100分が必要になります。**

私は幸か不幸か、通勤時間が片道60分かかります。往復120分になります。つまり、通勤時間を読書時間にあてることができれば、100分を超える計算になります。

もちろん、読めないこともあります。ですので、それは週末で辻褄《つじつま》を合わせるようにしています。

読書のKPI

週2冊の本を読む＝KPI

まずは自分の読むスピードを把握する

本を読むスピード（著者の場合）		本の平均ページ		1冊の本を読む時間
平均して1ページ1分	×	200〜300ページ	＝	平均250分

↓

週2冊読むには500分が必要

500分÷平均5日＝1日当り **100分** が必要

↓

通勤時間など1日の生活のどこかに組み込む

年間で考えると１００冊が私の目標です。

　週2冊平均だと50週あれば達成です。実際、1年は52週ありますので、2週ほどバッファーもあります。また、気分が乗らないタイミングでは、あえて薄い本をたくさん購入して、冊数を稼いで、気分を高めることもあります。

　最近は電子書籍も増えてきて、電車内で本を読むことも楽ちんになっています。通勤がもっと短いという方は、冊数を減らすことも一つの方法でしょう。1日24時間は平等です。通勤時間が短い方は、他の時間に使っているのだと思います。

だまされたと思って、始めてみて

ください。

「習慣の力」というのがあります。しばらくすると、本を読むことが歯磨きをするのと同じく習慣になります。歯磨きをしないと気持ちが悪いのと同様に、読書をしないと気持ちが悪くなります。そうなるとしめたものです。

これから人生100年時代になっていきます。過去の知識・経験だけで過ごすことは難しくなるでしょう。変化に対応して、しなやかになるためにも、定期的な情報のインプットをお勧めします。

もちろん、本以外の情報源でもよいのですが、本は、きわめて効率的な方法です（5年ほど前から私のFacebookに書評をアップしていますので、興味がある方はご覧ください）。

11

事例 11

人生100年時代を健康に過ごすためのKPI

リンダ・グラットンさんの『ライフ・シフト』によると、今後は人生100年時代になるそうです。できるだけ健康で過ごしたいものです。チーム医療フォーラムを主宰されている医師でもある秋山和宏さんに話を伺ったことがあります。以下、少し長いですが引用します。


《医療の発展により、人々の平均寿命は格段に延びました。

もちろん、要因としては食生活の安定などもありますが、日本では平均寿命が戦後と比べて男女ともに30歳以上も延びています。

しかし、人々が長寿になった一方で、寝たきりなど自立した生活ができない期間が増えてしまっているのもまた事実といえます。

WHO（世界保健機関）では2000年に、平均寿命から自立した生活ができない期間を差し引いた**「健康寿命」**という概念を発表しました。

日本においては、この健康寿命と平均寿命の差が約10年、つまり医療や介護が必要な期間が約10年にもわたることから、**「人生ラスト10年問題」**として喫緊の課題となっています。

男性の人生ラスト10年を見た場合、ピンピンと元気に過ごしてコロリと往生する「ピンピンコロリ」が約10％、徐々に老化していくケースが約70％、そして寝たきり状態になる方が約20％を占めるという研究結果もあります。

人生ラスト10年問題においては、歩けなくなる、嚥下《えんげ》障害によって食べられなくなる、認知できなくなるという順番で、自立した生活が送れない状況へと移行していくケースが目立ちます。

これらを防ぐのに役立つのが、筋肉量を落とさないことです。加齢や疾患による筋肉量の減少は「サルコペニア（sarco：筋肉・penia：減少）」と呼ばれていますが、筋肉量が落ちなければ健康的に歩ける期間が長くなりますし、嚥下機能も舌や顎《あご》などの筋肉に影響を受けます。

また、アルツハイマーの原因はアミロイドβというタンパク質の蓄積が原因のひとつといわれており、こちらも運動による改善効果が見られているのです。

さらに、人間は感染症にかかったり、怪我《けが》を負うと、点滴のエネルギーではなく筋肉を燃焼させて闘うことも明らかになっています。手術なども身体《からだ》

にとっては外傷のひとつなので、筋肉量が少ないと手術自体は成功しても体力がもたず、結果的にリスクが高まってしまうわけです。そこで最近は、術前の診断で体力を算出するような取り組みも増えています》

歩くことで筋肉量を維持する

人生１００年時代を健康的に長生きするためには、筋肉量を維持することが重要なのです。

筋肉量を維持するために、例えばできる限り歩くことが一つの方法です。

つまり歩くことがＣＳＦで、その歩数などがＫＰＩとなります。

ウォーキングに関する記事を読むと、歩いた方がよいとか、歩きすぎはよくないなど、さまざまな意見があります。おそらく個人差も大きいと思います。

私自身は、1日1万5000歩を目安に歩いています。私の場合10分で1000歩換算ですので、150分歩いている計算になります。朝に散歩したり、帰りに散歩したりして歩数を稼いでいる状態です。

第 5 章

KPIを作ってみよう

01

KPIステップの復習

いくつかの事例を見てきました。これらも参考にしながら、みなさんのKPIを作ってみましょう。復習になりますが、ステップは以下の通りです。

ステップ①KGIの確認　（例）利益○○億円がKGI
ステップ②ギャップの確認　「現在」と「KGI」のギャップ
ステップ③プロセスの確認　モデル化
ステップ④絞り込み　CSF（最重要プロセス）の設定
ステップ⑤目標設定　KPIの目標数値は○○
ステップ⑥運用性の確認　整合性・安定性・単純性の確認
ステップ⑦対策の事前検討　KPI悪化時の対策と有効性の事前検討
ステップ⑧コンセンサス　関係者との合意
ステップ⑨運用
ステップ⑩継続的に改善

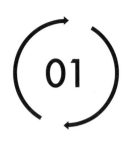

KPIマネジメントの正しいステップ

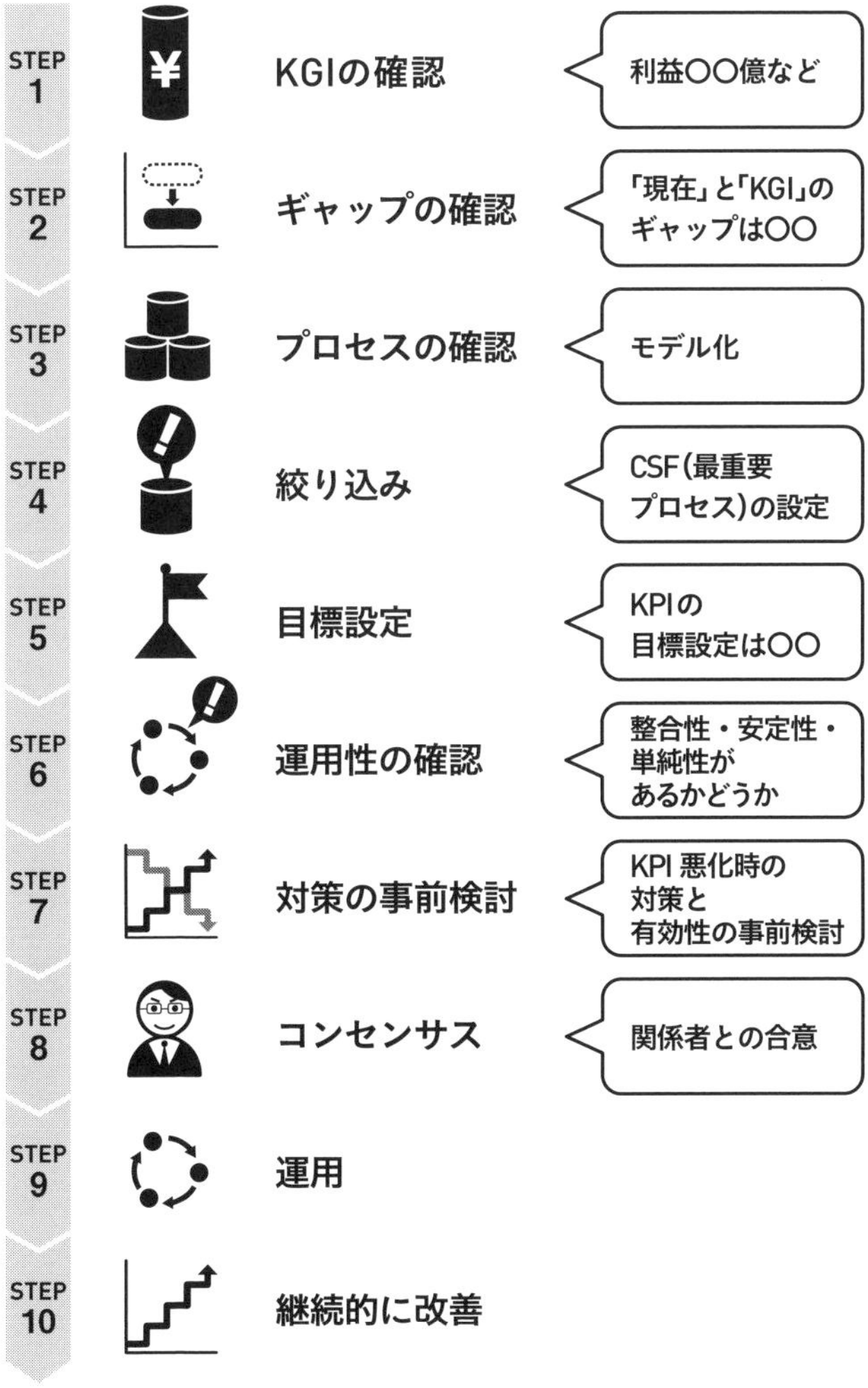
STEP 1
KGIの確認
利益○○億など
STEP 2
ギャップの確認
「現在」と「KGI」のギャップは○○
STEP 3
プロセスの確認
モデル化
STEP 4
絞り込み
CSF(最重要プロセス)の設定
STEP 5
目標設定
KPIの目標設定は○○
STEP 6
運用性の確認
整合性・安定性・単純性があるかどうか
STEP 7
対策の事前検討
KPI 悪化時の対策と有効性の事前検討
STEP 8
コンセンサス
関係者との合意
STEP 9
運用
STEP 10
継続的に改善

02

KPIマネジメントを始めるための事前準備

まず、事前準備です。

最初に、作成日と作成者を記入します。

次に、ワークシートに「KPI設計書」のタイトルをつけます。KPI設計書には「対象」「目的」「期間」を明記します。

本稿では次の3つの具体的な事例をもとに説明していきます。

(A) 会社単位のKPI＝業績目標
(B) 商品レベルのKPI＝事業計画
(C) 個人に落とし込んだKPI＝ダイエット

各自それぞれのKPI設計に合わせてアレンジしてください。

例えば、A〜Cの「対象」「目的」「期間」は以下のように設定します。

（A）対象：フォレスト商事
目的：業績目標達成
期間：２０１８年下半期（２０１８年10月〜２０１９年３月）

（B）対象：商品B
目的：事業計画達成
期間：２０１８年度（２０１８年４月〜２０１９年３月）

（C）対象：自分
目的：ダイエット
期間：１年間（２０１８年６月〜２０１９年５月）

目的と期間を明確にしておくことで、関係者間で検討の範囲を明確にできます。「こんなの当たり前じゃないか」と思うかもしれませんが、これらがずれているのに気づかずに議論しているケースがあります。そんな事態を事前に防いでおきましょう。

ジョブ・アサインを曖昧《あいまい》にしない

続いて、関係者を記載します。最終決裁者、承認者、事務局を記載します。

(A)最終決裁者：○○社長
　承認者：ボード会参加者
　事務局：経営企画室Aさん・Bさん

(B)最終決裁者：○○部長
　承認者：商品企画会参加者
　事務局：企画課Cさん・Dさん

(C)最終決裁者：自分
　承認者：妻
　事務局：妻・ジムトレーナ

KPI設計の事前準備

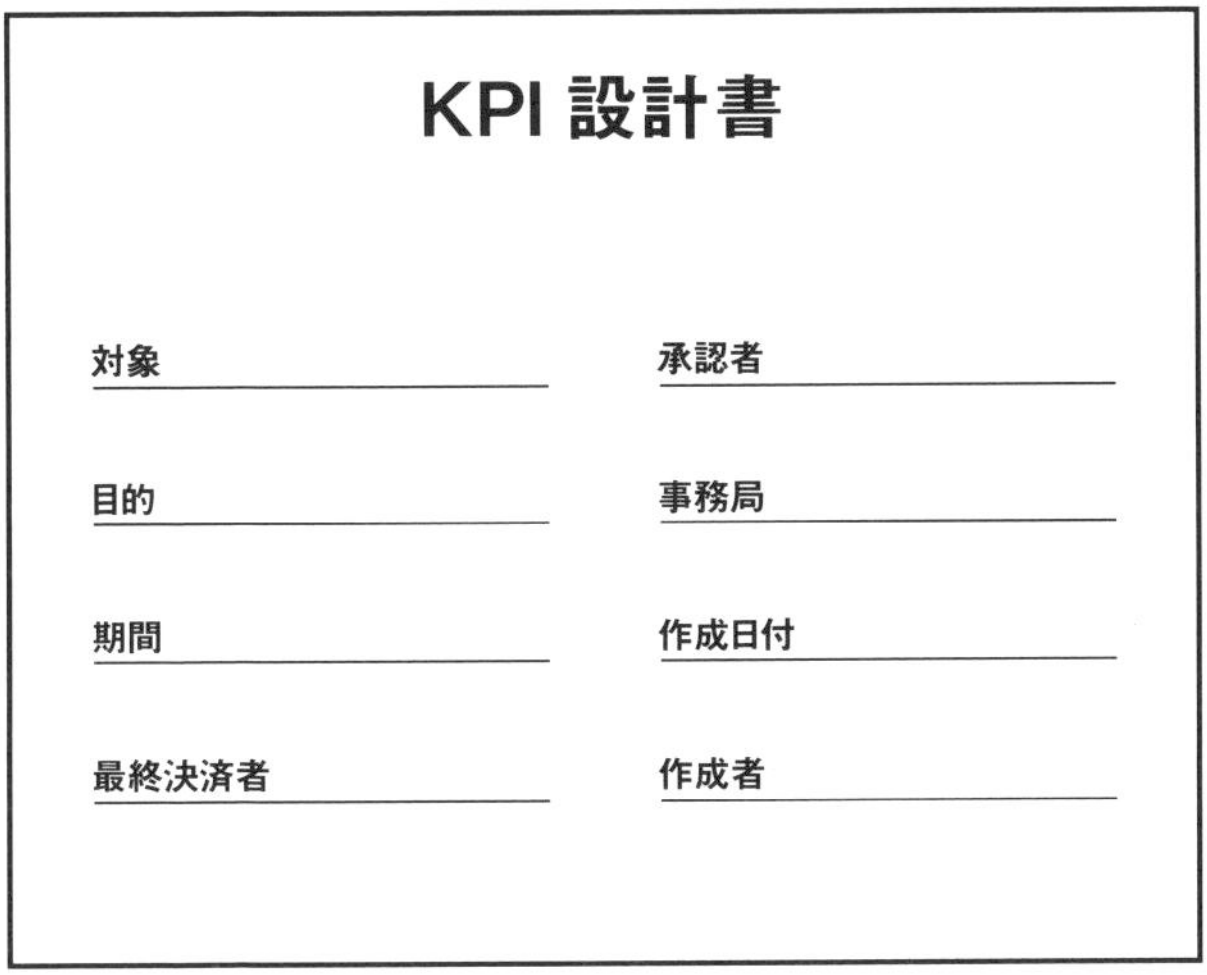
KPI設計書

対象

目的

期間

最終決済者

承認者

事務局

作成日付

作成者

これは、誰が最終的に決めるのか、誰が議論途中の承認をするのか、そして誰が事務局となって汗をかくのかを関係者間で明らかにしておくことが目的です。

いわゆる「ジョブ・アサイン」です。

日本企業は、これを曖昧にするので、無駄な工数が増え、結果として業務が増えてしまうことがあります。それを事前に避けておきましょう。

これらの事前準備をしておくと、これ以降のステップが進めやすくなります。

03

KGIを確認する

事前準備で「対象」「目的」「期間」を記入しました。これを確認します。

ここで記入するKGIは、今回検討している「対象」が、この「期間」に、この「目的」を達成した場合の数値目標です。

(A)対象：フォレスト商事　目的：業績目標達成
期間：2018年下半期（2018年10月～2019年3月）

(B)対象：商品B　目的：事業計画達成
期間：2018年度（2018年4月～2019年3月）

(C)対象：自分　目的：ダイエット
期間：1年間（2018年6月～2019年5月）

（A）（B）については、事業計画のドキュメントがあるはずです。それを確認しましょう。ドキュメントは、中長期のものと短期（＝今期）のものなど複数あるケースがあります。両方とも記載しておくか、最終決裁者などに確認をしておきます。例えば、

（A）KGI：営業利益10億円（3カ年事業計画書）

：営業利益11億円（今期事業計画書）

（B）KGI：売上3000万円

などです。

（C）のように個人的なダイエットの場合は、健康診断などで具体的な数値が明確な場合もあるかもしれませんが、プライベートな話なので自ら作成する必要があります。標準体重と期間などを参考に数値設定を行います。

（C）KGI：体重66kg（▲4kg　70kg↓66kg）

などです。

04

ギャップを確認する

ギャップの確認とは、ＫＧＩ数値と現状のまま「期間」終了を迎えた場合のシミュレーション数値を比較して、「見える化」しようということです。

（Ａ）ＫＧＩ：営業利益10億円（3カ年事業計画書）
：営業利益11億円（今期事業計画書）
（Ｂ）ＫＧＩ：売上3000万円

2つのシミュレーション方法

この（Ａ）（Ｂ）のケースでシミュレーションするとするならば、大別して２つの方法が考えられます。

まず１つは、**前期同時期の数値を参考に特殊要因を加味する方法**です。

今期シミュレーションは**「前期数値±特殊要因」**として表現できます。前

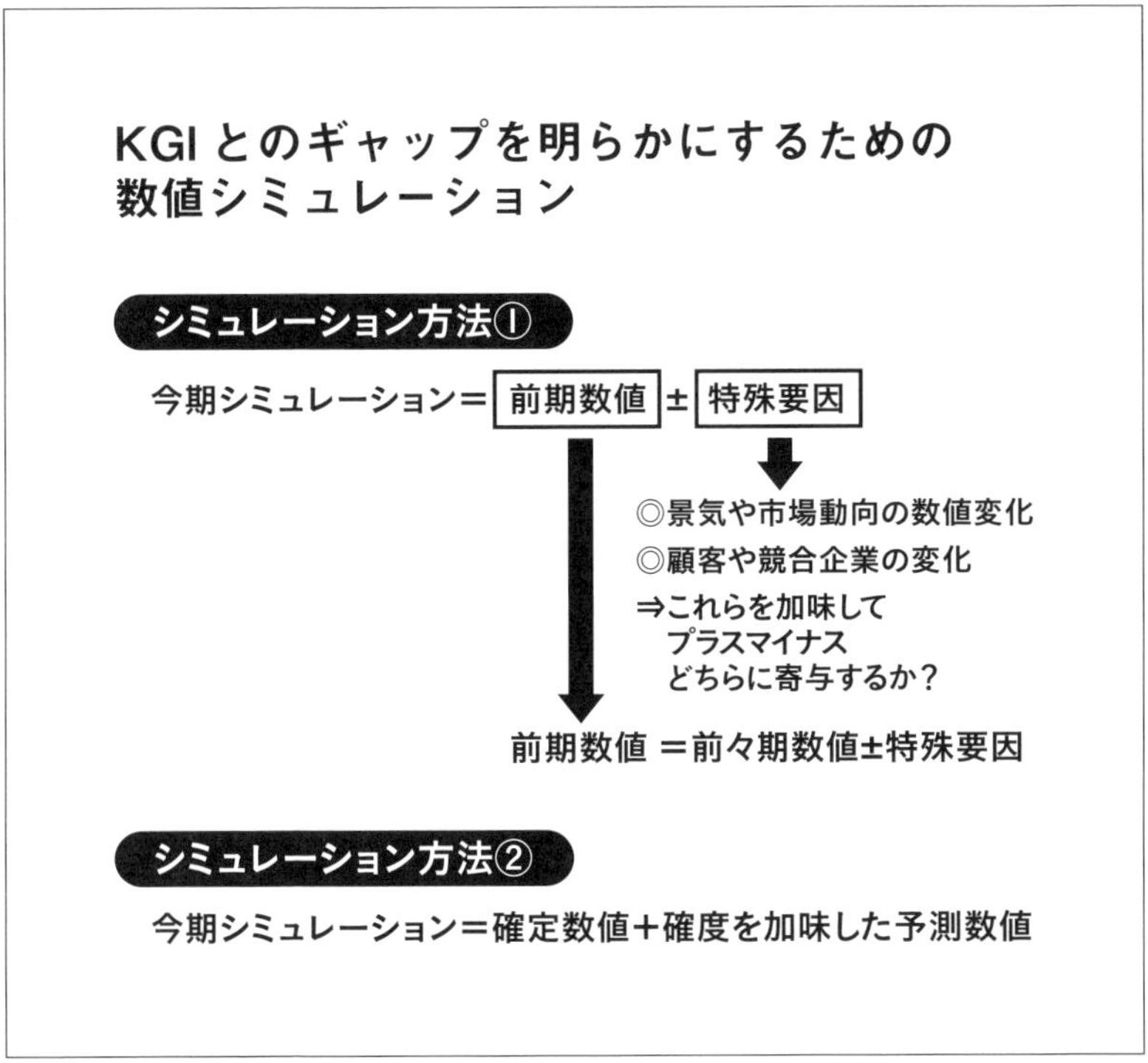
KGIとのギャップを明らかにするための
数値シミュレーション
シミュレーション方法①
今期シミュレーション＝
前期数値
±
特殊要因
◎景気や市場動向の数値変化
◎顧客や競合企業の変化
⇒これらを加味して
プラスマイナス
どちらに寄与するか？
前期数値 ＝前々期数値±特殊要因
シミュレーション方法②
今期シミュレーション＝確定数値＋確度を加味した予測数値

期同時期の数値はすでにある数値ですので入手は簡単です。

特殊要因としては、景気や市場動向の数値の変化、あるいは顧客や競合企業の変化などを加味して、当社、当事業にプラスに寄与するのかマイナスに寄与するのかを検討します。

過去の数値に対する特殊要因などの影響をチェックすると、特殊要因の重みづけも可能です。つまり**「前期数値＝前々期数値±特殊要因」**と表現できます。

前期や前々期の数値はすでにある数値ですので、特殊要因の寄与が確定しやすくなります。

2つめのシミュレーション方法は、**今期の現場数値などの予想をベース**

に**検討する方法**です。今期シミュレーションは**「確定数値＋確度を加味した予測数値」**として表現できます。

シミュレーション数値からギャップを明確にする

これら前期数値を参考にする方法と今期の現場予測を参考にする方法の2つを利用して、今期の数値をシミュレーションします。そして**今期のKGI－シミュレーション数値＝ギャップ**を明確にします。

(A) ギャップは1億円　対KGI：営業利益10億円（3カ年事業計画書）
ギャップは2億円　対KGI：営業利益11億円（今期事業計画書）
(B) ギャップは5000万円　対KGI：売上3000万円

(C)の体重のケースもシミュレーションは同様です。過去の数値の変化を取っているとしたら、そこからシミュレーションできます。過去数値がない場合は、現在とKGIの差分をギャップとおいてもよいでしょう。

体重を減らす場合は、KGI数値の方が小さい数値になるので、シミュレーション数値－ＫＧＩとするとよいでしょう。

（C）ギャップは4kg　70kg↓66kg

ちなみにこのギャップがマイナス数値の場合、つまりシミュレーション数値がＫＧＩよりもよい数値の場合はどう考えればよいのでしょうか。

その場合はとてもよい状態ですので、今の戦略を続ければよいわけです。そのようなケースであればＫＰＩの設定はしなくてＯＫです。

しかし、そのようなケースはまれです。おおよそのケースは、シミュレーション結果だけでは、不足があることが多いのです。その不足（＝ギャップ）をどうやって補てんするのか、次節から検討していきます。

05

プロセスを確認する

次のステップはプロセスの確認です。私は、**モデル化**と呼んでいます。ステップ②で確認したギャップをどうやって補てんするのかがここでの課題です。

ギャップは以下の通りでした。

(A) ギャップは1億円　対KGI：営業利益10億円（3カ年事業計画書）
ギャップは2億円　対KGI：営業利益11億円（今期事業計画書）
(B) ギャップは500万円　対KGI：売上3000万円

ギャップを埋めるために「何をするか」を決める

このギャップを補てんする方法として、例えば――、

◎営業が頑張って販売する

その際に――、

◎高い商品を販売して売上を上げる
◎購買頻度を高めて、売上を上げる
◎利益率の高い商品を販売して利益を上げる
◎値引き率を改善して利益を上げる
◎ビジネスプロセスのＣＶＲ（歩留まり）を高めて売上を上げる

あるいは――、

◎プロモーションをいっぱいして集客する
◎経費削減してコストを減らす
◎売りやすい商品を開発して、売上増と営業費用削減を同時に実現する

――などが考えられます。これ以外の方法も無数にあります。また、これ

プロセスの確認

ギャップを補てんする方法＝プロセスの確認（モデル化）

（例）
高い商品を販売して売上を上げる
購買頻度を高めて売上を上げる
値引き率を改善して売上を上げる
経費削減してコストを減らす　など

↓

無数にある方法（プロセス）から「何をするのか」を明確にする

※現場が実際にオペレーションできるかを加味して検討することが重要

らを組み合わせることも多いと思います。

そして、結局何をするのかを明確にします。この際に、現場が実際にオペレーションできるのかを加味して検討することが重要です。これを加味しないと絵に描いた餅《もち》になってしまい、実行不可能になってしまいます。

スタッフがＫＰＩを設定する際に、これを加味せずにＫＰＩ設定をして、現場に文句を言うケースがあります。しかし、実際は、現場のオペレーションを知らない机上の空論を描いたスタッフ側に問題があることが多いようです。

3つのコストに目を向ける

利益を拡大する際には、コストを下げて、売上を上げるという手順が最適です。コストは3つに大別できます。

①無駄金（冗費）
②売上に関係しないコスト
③売上に関係するコスト

①無駄金（冗費）を減らすことは必須《ひっす》です。

以前関わった企業のケースでも、印刷物、業務委託費、会議費・交際接待費を見直しただけで大幅なコストダウンをはかることができました。

安価だといわれているクラウドサービスも、例えばIaaS（インフラを利用する分だけ課金される）でも、インスタンスを持っていて利用しないケースなどは、まさに①無駄金（冗費）です。

あるいは、毎月のコストを「見える化」するだけで、コスト削減が可能で

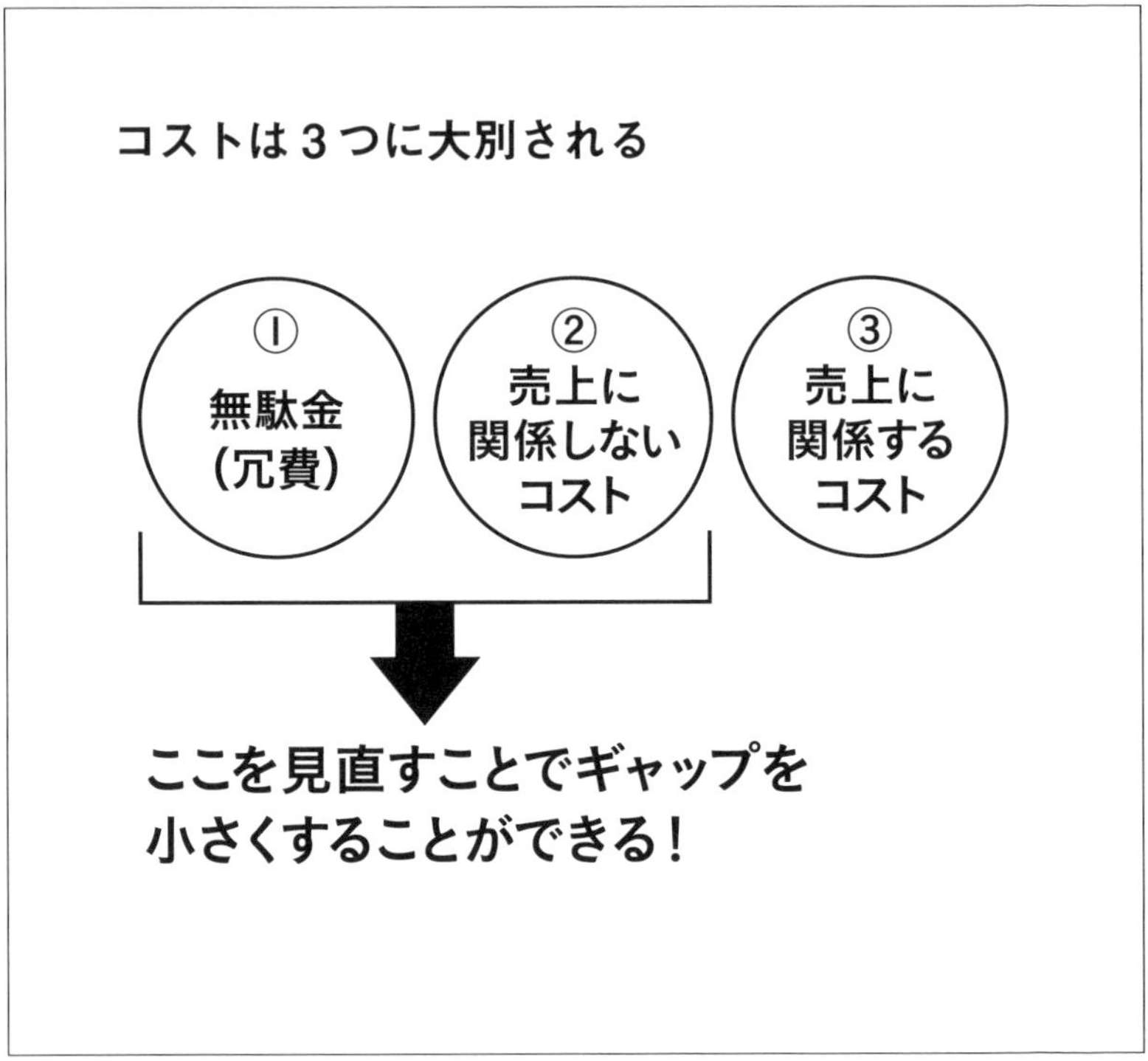

す。最近流行《はや》りのホラクラシー経営をしている会社では、すべてのコストを全従業員が閲覧できるようにしているそうです。**誰かが管理するのではなく「見える化」することで、「①無駄金（冗費）」と「②売上に関係しないコスト」は削減できます。**

コスト削減していることで有名な日本メーカでさえ、外資企業が資本注入して、CEOが経費チェックを開始したことで、経費が大幅に削減できたという話を先日ニュースで読みました。

まだまだ、無駄金（冗費）、売上に関係しないコストはあるのです。これを見直すことでギャップを小さくできます。

次に売上拡大です。

こちらも、まずは値引きの改善や不公平な契約などの見直しは必須です。ＡＢＭ（工数管理）などを行うことができれば、すべてのコストを商品や企業に紐《ひも》づけることが可能になります。

以前、ＡＢＭを導入していた組織で判明して驚いたのですが、大口顧客が赤字だった事実が判明したのです。値引きが大きく、かつ要望が高いことから、多くの従業員が工数を使っていたので、結果として赤字でした。

この顧客に関連した従業員は表彰対象にもなっていました。赤字なのに表彰されて報奨金を支払っていたのです。

短期の利益を捨てても、将来の利益を得るというＬＴＶ（Long Term Value）を否定するものではありません。しかし、実際はそうなっていないケースも多いのが事実です。

売上至上主義を止《や》めるだけでも、利益を増加させることはできます。

売上増加策を検討する

ここまでを整備して、ようやく売上増加策を検討します。

例えば、前述の施策でコスト削減3000万円、不利益取引で売上を2000万円改善できたとすれば、

（A）ギャップ：5000万円（1億円－コスト削減3000万円－不利益取引改善2000万円）

となります。

売上増加策を検討するには、売上を式で表現することが重要です。

売上＝量×CVR×単価×（手数料率）

と表現できます。

例えば、

売上＝営業量×成約率×平均単価×手数料率

売上＝顧客数×有料課金率×平均課金額

売上＝顧客数×来店頻度×平均購買額

などです。

平均単価は（正価－値引き額）ですので、これを加味すると、

売上＝営業量×成約率×平均単価（正価－値引き額）×手数料率

売上＝顧客数×有料課金率×平均課金額（正価－値引き額）

売上＝顧客数×来店頻度×平均購買額（正価－値引き額）

となります。

この数式に利益率を掛けると、利益額が出ます。

利益＝売上×利益率

あるいは、コストを除くと利益になります。

利益＝売上－コスト

売上増加策の検討

(A)ギャップ

5000万円

＝

1億円−コスト削減**3000**万円−不利益取引改善**2000**万円

売上を表す式

売上＝量×CVR×単価×手数料率

(その他の例)
売上＝営業量×成約率×平均単価(正価−値引き額)×手数料率
売上＝顧客数×有料課金率×平均課金額(正価−値引き額)
売上＝顧客数×来店頻度×平均購買額(正価−値引き額)

この数式に利益率をかけると利益額が出る

利益＝売上(量×CVR×単価×手数料率)×利益率

あるいはコストを除くと利益になる

利益＝売上−コスト

5000万円のギャップを埋めるため
どの数値をどれぐらい
変化させないといけないか明確にする

これらの数値からギャップを埋めるために、どの数値をどれくらい変化させないといけないかが明確になります。

ギャップを埋めるための考え方

例えば、以下のモデルを前提に考えてみましょう。

売上＝営業量×成約率×平均単価（正価－値引き額）×手数料率

（Ａ）のギャップは5000万円でした。内訳は「1億円－コスト削減3000万円－不利益取引改善2000万円」です。

「利益＝売上－コスト」で、コスト側はすでに3000万円の改善を見込み、不利益取引を改善。ここでいうと値引きなどの改善を行う前提でギャップが1億円から5000万円に減少しています。

残りの変数である「営業量」「成約率」「平均単価」「手数料率」などで5000万円を改善できればよいわけです。

例えば平均単価が100万円だとすると、以下のように考えます。

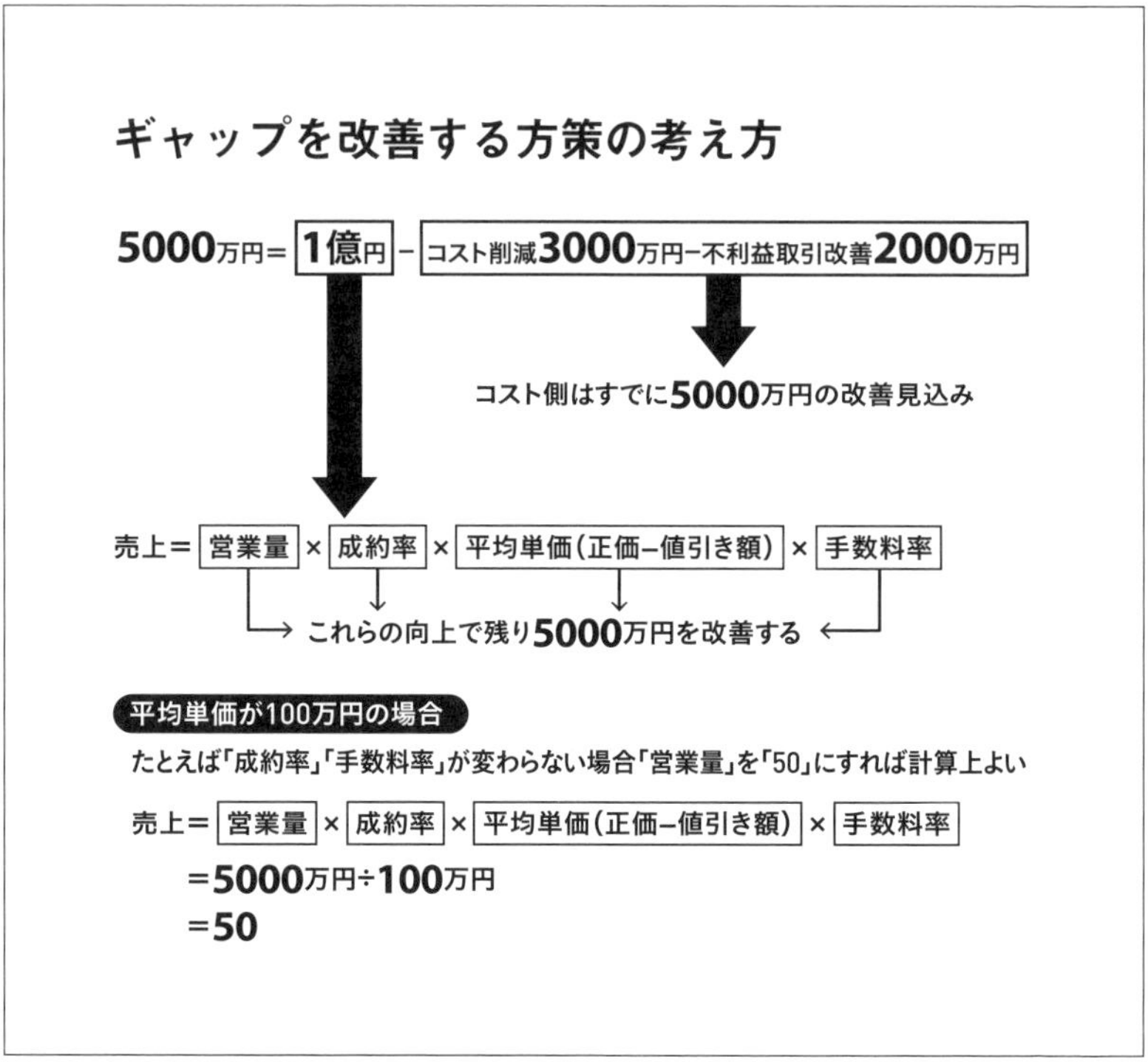

営業量×成約率×平均単価×手数料率＝5000万円÷100万円＝50

つまり営業量だけで実現するならば、50の営業量を増やせばよいのです。

内部プロセスに手を付けるのがおすすめ

経験則ですが、私自身は営業量を増やすのではなく、成約率など内部のプロセスを変えることを先に検討することをお勧めしています。営業量を増やすには、営業人員の増加に伴う、採用・育成などのコストが増えることが見込まれます。

それよりも内部プロセスを変更して、その率を高めることを志向します。これに成功できれば、その後営業人員を増加するにしても、その量を最小限にできるからです。

成約率などCVRを上げるには、現場の観察が不可欠です。注力ポイントを見つけるのが重要です。何を標準化するのか。どのようなケースに例外活動をするのかです。

今回は分かりやすくするために、営業人員を10名増やすケースを考えてみましょう。これから2カ月以内に10名を採用して、1カ月で戦力化して、残りの3カ月で1人あたり500万円売上を上げることで、5000万円を補てんすることとします。

採用コストや育成コストはすでにコスト側で予算化しているとします。

採用プロセスをチェックすると、今までの実績では10人採用するには30人の応募が必要でした。2カ月で30人の応募はありそうです。

しかし、採用面接から採用までの期間が平均1カ月かかっているので、採用期間の短縮をしなければ、2カ月での入社はかないません。

さらに採用期間が長くなっている原因を調べると、長くなっている原因はこちら側の面接設定にあることが分かりました。面接終了後に、上司のスケジュール調整をしていたからです。

面接終了時に、すぐに次回の面接設定ができれば、期間短縮ができ、期間内に採用目標確保の確率が高まることが分かりました。これで後は実行するのみです。

ダイエットの場合

このような検討ステップは（C）のケースでも同様です。

（C）ギャップ　4kg　70kg↓66kg

体重減であれば、「摂取カロリー－消費カロリー」をマイナスにすればよいのです。1kgの体重を減らすには、脂肪1グラムは7キロカロリーなので、摂取よりも7000キロカロリー消費を多くすればよいわけです。

ですので、例えば4kgを減らすには「7000×4kg＝2万8000キロカロリー」の消費を増やせばよいことになります。

ただし、これではピンときませんね。期間を4カ月とすると、1カ月あたり7000キロカロリー。1日あたり7000÷30日≒230キロカロリーとなります。

数字は小さくなりましたが、これでは何をしてよいのか分かりません。230キロカロリーとは、運動でいうと1時間30分くらいの早歩きで消費します。食べ物ではご飯茶碗1杯程度です。これでイメージがついてきます。

毎日早歩きするか、ご飯を1杯減らすか、あるいはそれらを組み合わせればよいのです。

ただ、運動だと1時間30分必要ですので、これだけの時間を確保して減らすのは厳しいと思います。もちろん、筋肉量を増やして基礎代謝を増加させるのは必須です。

これは企業における、コスト削減のパートと同様です。これをしておくと、運動量や食事制限が軽くなります。

06 絞り込み（CSFの設定）とKPI

ここまでくるとかなり視界が広がってくるのが分かると思います。

ここからが大事な「絞り込み」と「目標設定」です。最も重要なCSF（Critical Success Factor）を発見し、数値に落とし込むステップです。

CSFを絞り込んでKPIを決定する

ケース（A）のギャップ5000万円（1億円－コスト削減3000万円－不利益取引改善2000万円）は、2カ月以内に10名の営業を採用し、1カ月以内に戦力化し、それからの3カ月で1人あたり500万円の売上を上げることで実現できることが分かりました。

また採用にあたって10名採用に必要な応募者30名も確保できそうなことが分かっています。ただし、内定までの期間が長く、2カ月以内の入社が厳しく、その原因は上司との面接設定であることまで分かりました。

面接終了時に次回面接設定をするには、その段階で2つの情報が必要です。それは、①応募者の次回面接可能日、②上司の面接可能日です。

そこで次のようなフローを検討します。

応募者には、事前に面接合格時に次の面接可能日を連絡してもらいます。その情報をもとに自社の上司のスケジュールを仮押さえしておくのです。

つまり、面接実施前に次回面接仮押さえをすることがCSFです。30人の応募者がいますので8割程度の24人に実施できればよいと設定しました。この「24人」がKPIです。

ダイエットのケースCのギャップ4kgの体重減でも同様です。

1日90分の早歩きか、1日お茶碗1杯分のご飯削減です。

ご飯は自宅で食べることが多いので、家族の協力のもと、晩御飯でお茶碗1杯減らすことにしました。そして、外食をした場合は、週末に90分の早歩きを行うことにしました。そして、それは貯金できるようにし、**4カ月で16週、32日休みがあるので、25回を90分歩くことを設定しました。これがKPIです。**

07 運用性を確認する

ここでは3つのポイントを確認します。

「整合性」「安定性」「単純性」の確認です。

整合性とは、KPIを達成した際にKGIは達成するのかを確認しておきましょうということです。安定性とはKPIの数値が安定的にリアルタイムに取得できるかどうかです。単純性とは、KPIの説明をしたときに関係者が理解できるほど単純かということです。

「整合性」「安定性」「単純性」を確認する

ケース(A)のギャップ5000万円(1億円−コスト削減3000万円−不利益取引改善2000万円)は、営業職を採用して売上を拡大しようという話なので、整合性も単純性もあります。

採用できたら育成はできるので、理解もしやすいです。

ただ採用する際に応募は集まりそうなものの、採用期間が長くなることが懸念されています。これも理解できます。

この問題を分析すると、面接設定に時間がかかっているので、フローを変えて、面接前に応募者に合格時に次回の面接可能日を連絡してもらい、上司面接も仮押さえすることで、面接日設定を前倒しするというのも、整合性があり、単純ですし、フローも簡単です。

ただし例えば、複数の面接官がいる際に、どうやって面接官同士で合格の意思疎通をするのかという問題が浮き上がってきます。共通の暗号を決めてもよいでしょうし、面接官の最終決定者を決めてもよいでしょう。どちらにしても対応策が必要なことが浮かび上がってきます。

ダイエットのケース（C）のギャップ4kgの体重減でも同様です。カレンダー週末部分に赤丸か何か印をつけて合計数値を「見える化」しておけばよいでしょう。これも単純ですし、整合性がありますし、安定的に実施できそうです。

08

対策を事前に検討しておく

KPI数値が悪化した場合、つまりこのままではKPIが達成しない場合にどうするか。これを先に決めておくステップです。

数値が悪化してから対策を検討すると、たいていは時間がないので、選択肢の幅が狭まってしまいます。また、人・モノ・金という経営資源を大量に投入することが必要になります。

しかし、時間があると違います。選択肢もたくさんありますし、投入する経営資源も少なくてすむのです。

対策検討の具体的なやり方

ケース（A）の5000万円のギャップ（1億円－コスト削減3000万円－不利益取引改善2000万円）の場合、例えば、事前に次回面接情報が集まらないケースが想定されます。

それは応募者の場合と内部の上司の場合があります。応募者の場合、多忙なケースとほかがあります。多忙なケースに対して、早朝、深夜、休日の面接を設定するのかどうかが判断のポイントです。

例えば、採用活動2週間時点で目標24の6割の14の情報入手ができていない場合は、残りの10については早朝、深夜、休日の面接設定も可とするといった対応を取ります。

ダイエットのケース(C)の4kgのギャップの体重減でも同様です。

例えば、16週中、32日の土日中25日は90分早歩きであることを決めました。これは、週に1日程度外食をするため、そこでカロリー減できないのを補てんするためです。ところが、想定以上に外食が増える、あるいは外食時のカロリー摂取が多かった場合、体重減に悪影響を及ぼします。

そのような場合どうするか。

方法は2つです。夕食に加えて朝食からもカロリーを減らす、もしくは休日に加えて平日も早歩きで歩き始めるというものです。平日だと時間が限られているので、例えば3分の1の30分の早歩きの時間を設けるというものです。1カ月目の体重減少が1kgに満たない場合、平日3日間30分間の早歩きを行うと決めておくわけです。

09

コンセンサスを得て運用していく

次に、関係者との合意を得ておくステップと、実際に運用していくステップです。

事前準備のステップで最終決裁者と承認者と関係者を明確にしています。これらの方々とKPIマネジメントの内容を確認し、コンセンサスを得ます。

何のコンセンサスを得るのか。

1つは、KPIをこれにするということ、そして、この数値にするということです。もう1つはリスク対策の承認です。事前に、どの時点で、どの程度数値が悪化したときに、何をするのかコンセンサスを得ておきます。

最終判断者は、最終承認者だと明確に確認しておきます。これができると、スピードを落とさずにリスク対策が打てます。

そして、運用を始める前に、関係する従業員全員にKPIマネジメントを始めることを伝えます。社内報や組織のトップからのメッセージなどを活用して伝えます。当然KPIの進捗《しんちょく》状況も適宜伝えていきます。

前述のようにＫＰＩは信号です。今の状況がうまくいっているかどうか、多くの従業員、できればすべての従業員が知っていることが必要です。その意味でも、事前の広報とＫＰＩの進捗共有はとても重要です。

10

継続的に改善を繰り返す

これは、ＫＰＩに限らない話ですが、運用しながら、磨き続けようという努力が大切です。それは「きちんと振り返りましょう」ということです。

ＫＰＩとＫＧＩの両方とも達成というのが最も素晴らしいストーリーです。

しかし、そうではないケースも起こります。

①ＫＰＩ達成↓ＫＧＩ達成
②ＫＰＩ達成↓ＫＧＩ未達成
③ＫＰＩ未達成↓ＫＧＩ達成
④ＫＰＩ未達成↓ＫＧＩ未達成

これら４つの組み合わせが考えられます。

ＫＰＩとＫＧＩが両方とも達成、未達成というのは理解しやすいです。本来、このような相関があるべきです。

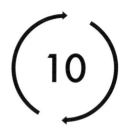

正確に表現すると、両方が未達成の場合は、本当は期中に手を打って、こうならないようにしなければいけません。

しかし、KPIとKGIの達成、未達成がちぐはぐになっているのは、まずい状態です。構造的に間違っているわけです。

つまり両者の関係性が希薄なのか。それとも関係性はあるけど、その水準、つまり数値が高すぎる、あるいは低すぎるのか、振り返りをする必要があります。

絶え間のない改善を行うことで、KPIマネジメントのレベルを向上させることができます。

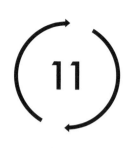

11

究極のＫＰＩマネジメントとは？

——すべての判断をＫＰＩに紐づける

ＫＰＩマネジメントの究極は、すべての判断をＫＰＩに紐《ひも》づけられるかどうかにかかっています。

私が担当した事業開発案件は、リクルートでは珍しい個人ユーザと実際に面談するビジネスでした。リクルートのアドバイザーは、個人ユーザの要望に合った企業ユーザを紹介します。

紹介数を増やすことをＣＳＦとおいて、毎月、四半期あるいは半期ごとに紹介組数をＫＰＩ設定していました。

その際の判断基準の例を紹介しましょう。

①新人アドバイザーの育成期間短縮の検討

育成期間が短縮できれば、新人アドバイザーが戦力化する期間が短くなります。結果、個人ユーザの接客数が増加します。

これは紹介の量を増やす行為なので検討します。もちろん粗製乱造にならなないように育成内容のチェックは必要です。

②個人ユーザ1組あたりの接客時間短縮の検討

接客時間を短縮できれば、1日あたりの個人ユーザの接客数が増加します。これは紹介の量を増やす行為なので検討します。もちろん時間に追われて、接客レベルが品質低下にならないかの確認は必要です。

③紹介組数がトレンド通り

KPI達成見込みなので集客の広報量とコストをコントロールします。

④本部スタッフを採用する

KPIの増加に直接は関係ないので慎重に判断します。

⑤狭い店舗への出店の検討

KPIの増加に直接は関係ないので検討します。浮いたコストは集客コストに回します。

⑥顧客アンケートのウェブ化による事前ニーズの把握

紹介の質向上に寄与する可能性があるので検討します。

多くの従業員がＫＰＩについて興味を持っていれば、現場で判断できることが増えます。つまり自律自転の組織となります。これにより、圧倒的にスピードを早めることができます。

変化が激しい時代、一部の本部人材が判断するよりも、現場で最適な判断ができた方が圧倒的に強い組織となります。その意味でも、ＫＰＩマネジメントを全従業員に展開し、これをすべての判断基準にするのがお勧めです。

そして現場に権限移譲ができると、現場での自律自転による改善が日常的に起こります。本部機能は、次のことに時間をかけることができるのです。

そして気づくはずです。多数のＰＤＤＳが高速で回りだし、それを見ていると「不安の壁」は意味がなくなります。これがしばらく続くと「振り返る」ことが当たり前になり、振り返りから学べる組織へと進化していくのです。

コラム

最強の振り返りは「リアルタイム」

私が以前担当した組織が年に2回だけＰＤＤＳ（振り返り）をしていた話をしました。最初は組織全体で振り返る期間が短くなり、最後は組織全体ではなく、特定の店舗で異なるＰＤＤＳサイクルが回るようになっていったと説明しました。結果、年間で数百のＰＤＤＳサイクルが回る組織に進化していきました。

ところが、世界にはさらにすごい組織が存在します。

すべての従業員が実施している業務を一元管理しているのです。メンバーが実施した内容、そのプロセス、成果を世界中で閲覧・参照できるのです。つまりほぼリアルタイムでＰＤＤＳサイクルを回しているのです。

世界にはそんなすごい会社も存在します。

これが現在の究極の組織なのだと思います。

みなさんの組織は、この組織と比較して、どのような状況でしょうか。

おわりに

この本の企画はいくつかの幸運が重なり、日の目を見ることができました。「こんなラッキーがあるのか」と正直思いました。

最後に、そのことについて書こうと思います。お付き合いください。

きっかけは、２０１７年9月22日に日経スタイルに寄稿した記事「データ経営に落とし穴――ダメな会社はＫＰＩで見分ける」でした。

当時、私は3週間に1度、日経スタイルに「転職の企業選び」について寄稿していました。転職を考える際、あるいは今自分が属している会社について理解を深めるために、「働き方改革」「生産性」「転職と年収」「今後伸びる会社」「長時間労働」「副業」「テレワーク」「今後必要な人材」「転勤」などについて書いていました。

9月22日のＫＰＩの記事もそのうちの１つでした。

2カ月後の11月24日、メッセージが届いたのです。フォレスト出版の寺崎さんという方からでした。後にこの本の編集担当になってくれる方です。内容は、シンプルで、ストレートに「ＫＰＩの本を出したいので、執筆してほしい」というものでした。

そうなんです。

1つめの幸運は、寺崎さんが目を止めてくれたことです。

私は、シンプルで、ストレートなコミュニケーションが好きです。表敬訪問や無駄なミーティングをできる限り避けたいと考えています。

寺崎さんは私の意図を汲《く》んでくれて、リアルでのミーティングは2回か3回だけにして、残りはメールのやり取りですませてくれました。

別の方からのアプローチであれば、ここでとん挫したかもしれません。

そのおかげで、ストレス少なく執筆ができました。

2つめの幸運は、当時の上司である柳川さんが、私のことを信頼してくれて、執筆を二つ返事で了解してくれたことです。

当然、リクルート内に執筆のレギュレーションがあります。それを遵守する前提ですが、人間同士の信頼がなければ、話は進みません。

広報の安永さんもいつもメールに参加してくれていました。

ありがとうございます。


3つめの幸運は、KPIについての講座を直近に依頼されたことです。

年明けにFringe81の松島さん、Oneteamの佐々木さんから同社の幹部向けにKPI講座を依頼されました。2社とは共同で経営会議改革をしているご縁で興味を持ってもらいました。

また3月には、リクルートホールディングスのM&A担当役員の岡本さんから同部署のメンバー向けにKPI講座の依頼がありました。岡本さんが以前私の講座を受講して、それをメンバーに伝えたいと興味を持ってくれたのです。

この2回の講義のおかげで、再度資料を読み込み、整理し、頭がリフレッシュできました。当日、質問を受けたのも参考にできました。

参加者のみなさんありがとうございました。


4つめの幸運は、私の転職に関わることです。

私は、この本の企画依頼があった1カ月後の12月に、29年働いていたリクルートグループを離れ、株式会社FIXERにジョインすることを決めました。

同社の社長の松岡がシンプルにストレートに誘ってくれたのが決め手でした。初めて松岡に会って、決断するまで、わずか3週間での転職決断でした。本来であれば、転職、引継ぎ、新職場での準備などドタバタの中での本の執筆です。延期しなければいけないかもしれません。少なくとも、引継ぎは、かなり大変なことになるはずでした。

ところが私にとって神風が吹いたのです。

当時、私はリクルートワークス研究所で4つプロジェクトを担当していました。

1つは海外の委員。本部がフランスにあり、主な委員はヨーロッパとアメリカ各国にいます。これを誰に引き継ぐのかが問題でした。

ところが、4月からの組織再編の中で、一緒に委員をやっていた海外事業の責任者のロブさんが引き継いでくれることが決まりました。

彼はオランダにいて、しかも主な委員との人間関係は私以上。メールだけで引継ぎができて、実質引継ぎ不要でした。これはうれしい誤算でした。

2つめは社会課題解決。こちらは、素晴らしい成果が出たうえに、さらにバージョンアップさせるミッションを一緒に担当していた二葉さんが引き継いでくれました。だから、こちらも実質引継ぎなし。

3つめはリクルートワークス研究所の副所長業務です。転職を告げる際に「驚いた」と言った所長の大久保さんでしたが、友人として決断を応援してくれました。大久保さんの指揮のもと、豊田さん、村田さん、石原さんたちマネジャーのみなさんが協力して対応してくれました。

4月からは元同僚の奥本さんが副所長に就任してくれましたので、こちらも実質引継ぎ最小。

最後は私自身の研究テーマです。これは引き継ぐ話ではありません。

つまり、引継ぎ先が素晴らしい人たちであったので、引継ぎコストが限りなくゼロにできたのです。通常では考えられない状況です。

これを「神風が吹いた」と表現したのです。

このおかげで1月から3月の週末に執筆の時間を確保できました。

5つ目の幸運は、転職先に株式会社FIXERを選んだことです。

当社は、クラウドサービス・ベンダーで、顧客が保有しているシステム資産をクラウドに載せ替え、それで生み出されるランニングコストを攻めのシステム投資に回すことを支援しています。

ベンチャーですが、すでに社員100名。それも若いメンバーから年配のメンバー、さらに9カ国のメンバーがいます。彼らと人間関係をつくるためには、1on1ミーティングをしたり、さまざまな判断をしたり、日中はかなりエネルギーが必要です。

しかし、幸いなことに夜と土日祝日はまったく仕事の連絡が来ないのです。ベンチャーなので、覚悟していたのですが、これは意外でした。そのおかげで4月以降の休日に最後の原稿校正の時間を取れたのです。

このようにいくつかの幸運に支えられて、企画から出版までスムーズに何とか形にすることができました。

本当にラッキーでした。

私は、この本を含め7回本を書こうとしました。そのうちすでに3冊が形になり、今回4冊目が上梓《じょうし》されました。

しかし、残りの3冊は結果、日の目を見ませんでした。3冊とも文字数的には本にできる量を執筆しました。

アイデアは面白かったのですが、本にはできなかったものが1冊。社内のOKが取れず、本にできなかったものが1冊。編集者の方との意思疎通ができず、自然消滅したものが1冊。

今回は、そうなりませんでした。

このラッキーによって生まれた本が、みなさんのお役に少しでも立てれば、本当にうれしいです。

2018年

中尾隆一郎

【著者プロフィール】

中尾隆一郎（なかお・りゅういちろう）

株式会社 FIXER 執行役員副社長
1964年5月15日生まれ。大阪府出身。

1987年大阪大学工学部卒業。89年同大学大学院修士課程修了。同年株式会社リクルート（現・株式会社リクルートホールディングス）入社。主に住宅、人材、IT 領域を歩み、住宅領域の新規事業であるスーモカウンター推進室室長時代に同事業を6年間で売り上げを30倍、店舗数12倍、従業員数を5倍にした立役者。

リクルート住まいカンパニー執行役員、リクルートテクノロジーズ代表取締役社長、リクルートホールディングス HR 研究機構企画統括室長、リクルートワークス研究所副所長などを経て、2018年4月から現職。2017年6月より株式会社旅工房社外取締役を務める。専門は事業執行、事業開発、マーケティング、人材採用、組織創り、KPI マネジメント、管理会計など。良い組織づくりの勉強会（TTPS 勉強会）主催。

29年勤めたリクルート時代は、約11年間にわたってリクルートグループの社内勉強会において「KPI」「数字の読み方」の講師を担当、人気講座となる。

著書『転職できる営業マンには理由がある！（共著）』（東洋経済新報社）、『リクルート流仕事ができる人の原理原則』『リクルートが教える営業マン進化術（共著）』（全日出版）。

最高の結果を出す KPI マネジメント

2018年 7月 2日　初版発行
2022年 8月 2日　13刷発行

著　者　中尾隆一郎
発行者　太田　宏
発行所　フォレスト出版株式会社
〒162-0824 東京都新宿区揚場町 2-18　白宝ビル 7F
電話　03-5229-5750（営業）
03-5229-5757（編集）
URL　http://www.forestpub.co.jp

印刷・製本　日経印刷株式会社

ISBN978-4-89451-984-8 Printed in Japan